NÃO FAÇA
NETWORKING

Não faça networking

Copyright © 2023 by Marcus Vinicius Freire

1ª edição: Outubro 2023

Direitos reservados desta edição: CDG Edições e Publicações

O conteúdo desta obra é de total responsabilidade do autor e não reflete necessariamente a opinião da editora.

Autor:
Marcus Vinicius Freire

Preparação de texto:
3GB Consulting

Revisão:
Debora Capella
Iracy Borges

Projeto gráfico:
Jéssica Wendy

Capa:
Rafael Brum

DADOS INTERNACIONAIS DE CATALOGAÇÃO NA PUBLICAÇÃO (CIP)

Freire, Marcus Vinicius
   Não faça networking : construa pontes e crie conexões que levarão você mais longe / Marcus Vinicius Freire. — Porto Alegre : Citadel, 2023.
   208 p.

ISBN 978-65-5047-261-0

1. Desenvolvimento pessoal I. Título

23-5192   CDD - 158.1

Angélica Ilacqua - Bibliotecária - CRB-8/7057

Produção editorial e distribuição:

contato@citadel.com.br
www.citadel.com.br

MARCUS VINICIUS FREIRE

NÃO FAÇA NETWORKING

CONSTRUA PONTES e crie conexões
que levarão você mais longe

2023

> MV tem a sabedoria, a calma e a segurança de conectar pessoas de mundos diferentes, com visões diferentes e parecer que a barreira que impedia esse encontro nunca existiu. Obrigado por tudo, amigo.

– Rodrigo Lombardi, meu amigo ator,
diretor, cantor, apresentador e ex-jogador de vôlei

> Conheci o Marcus Vinicius Freire numa viagem à China com um grupo de produtores de conteúdo. Fui representando o Panelinha, e ele, a Play9. No total, entre organizadores e convidados, éramos doze pessoas, e poucas se conheciam pessoalmente. O Marcão, antes mesmo de a viagem começar, não apenas ficou íntimo de todos como fez o grupo se enturmar. E, pra mim, foi uma aula ver como o Marcão, ao prestar atenção em cada um, ainda conseguiu imprimir no grupo um espírito de equipe.

– Rita Lobo, minha amiga chef apresentadora

> Conexão é potência. Se quisermos viver em um mundo realmente conectado, precisamos abandonar tudo que é superficial, fugaz, e nutrir a nossa comunidade pessoal e profissional por meio de relacionamentos de qualidade, capazes de fazer com que o engajamento seja uma experiência constante. O Marcus Vinicius Freire evidencia muito bem nesta obra, por meio de *insights* incríveis e aplicáveis no nosso dia a dia, essa jornada desafiadora que vivemos em plena era da economia da atenção.

– Camila Farani, minha amiga Shark Tank, empreendedora
em série e presidente da G2 Capital

> Na década de 1980, eu e Marcus Vinicius, com mais um numeroso grupo de jovens sonhadores, passamos muitos anos juntos, e, sem saber, ali começávamos a construir pontes, estabelecer relações verdadeiras. Um processo forjado nas batalhas das quadras, onde passamos a entender a dependência entre todos, nossas capacidades complementares e a importância da confiança! O suor e a dor nos treinamentos gerava empatia e "cimentava" relações cada vez mais sólidas. Compartilhando valores, abraçamos uma missão e vivemos um propósito... tais vivências e lições de vida ele levou para todos os "times" dos quais participou, nas mais diversas áreas. O livro nasce dessa convicção que carregamos em nossos corações!

– Bernardinho, meu querido amigo e sócio, cinco vezes medalhista olímpico de vôlei, como jogador e treinador

> Propósito, gentileza e empatia. Isso é insuficiente pra demonstrar um pouco de um brasileiro que eu conheci na China. Minha referência em trabalho sério, em olhar para o coletivo e sempre excelência em tratar as pessoas e executar mais do que o combinado. Um dia quero ser como o Marcão e a Claudia. Se o clima família ou de um bar é agradável, eu enxergo esse cara como uma pessoa que atravessa todas as áreas da vida com essa mesma atmosfera agradável. Obrigado por nos ensinar tanto, M.V.

– Konrad Dantas, meu amigo fundador e CEO da KondZilla, maior *hub* de música do YouTube com mais de 66 milhões de inscritos

> Marcus Vinicius é um amigo da vida toda: tive o privilégio de acompanhar sua trajetória profissional e ver, ao longo dos anos, as pontes que foi construindo. Em uma dessas pontes, inclusive, nós nos encontramos e iniciamos uma aventura chamada Give me five: uma sociedade em que reunimos Accioly, Parreira, Bernardinho e Ronaldo Fenômeno, além de nós dois, eu e o Marcus Vinicius. Juntos, já atravessamos alguns rios. É com muita honra que participo deste livro, cujo tema tem tanto a ver comigo. Um livro que fala de gente. Sempre acreditei que as pessoas são o nosso maior tesouro: da família às relações profissionais, passando até pelos desconhecidos com que esbarramos e nos dão um conselho que pode mudar nossas vidas. As pessoas nos salvam, nos ajudam, fazem alavancar negócios e, como diz o Marcus, contribuem para construirmos nossas pontes pelo mundo. Boa sorte pro livro e pro Marcus! Quem sabe ainda não nos cruzamos novamente por uma destas muitas pontes que a vida constrói. Leitura imperdível!

– Thomaz Naves, meu amigo e diretor comercial
e de marketing da Record TV Rio

> Marcus Vinicius Freire é um atleta extraordinário que tem muita história para contar. Ponto. Já daria um livro. Marcus, entretanto, vai além. É um ser humano que, no ordinário da vida, faz pontes entre seres humanos. E faz pontes cimentadas na atenção, no respeito, na empatia. O que está neste livro é o que ele faz na vida. Inspira.

– Gabriel Chalita, meu querido amigo, escritor, professor e filósofo

> Costumo chamar MV de comandante! Ele me propôs um dos maiores e mais importantes desafios da minha vida profissional: chefiar a cozinha das Olimpíadas de Londres 2012. O COB nunca havia implantado um projeto tão ousado, e coube a nós dois, e a uma equipe comandada por MV, a tarefa de construir esse sonho.
>
> Durante todo período, tanto de preparação da operação, quanto na hora de colocá-la em prática, aprendi demais com esse grande atleta e líder excepcional. Não separo o atleta do líder, porque acredito que está justamente aí a resposta para a sua facilidade de transitar em tantos mundos. MV construiu um alicerce muito sólido durante toda sua trajetória – seja como atleta ou comandante! – que hoje lhe permite circular por todos esses mundos – alguns ainda indecifráveis para a maioria de nós, mas não para ele – com desenvoltura, segurança e inteligência.
>
> Liderança, ousadia, confiança ilimitada na equipe, alianças certeiras e a certeza de que, sempre que formos bater na porta do comandante, nossas ideias serão ouvidas com interesse e colocadas em prática – se for o caso – com paixão e dedicação.
>
> Sou chef de cozinha, minha vida é comandar, gerenciar, fazer funcionar. A experiência do MV aliada à sua enorme paixão por tudo que faz, me inspirou e inspira até hoje. Com ele aprendi o verdadeiro valor de se construírem pontes sólidas e que nos conectem ao nosso propósito com leveza, e ainda rendam uma bela amizade, que lá na frente pode vir a ser justamente a ponte que faltava!

– Roberta Sudbrack, chef estrelada Michelin, chef Olímpica, chef do Palácio da Alvorada durante o governo FHC e minha queridíssima amiga para sempre

> Ao longo dos últimos anos, tive o privilégio de ter participado com o MV, o Marcão, de alguns projetos. Ele é um mestre em planejamento e aquisição de recursos, assim como em orquestrar os relacionamentos nas diversas áreas em que atuou e atua. O homem é um 'conhece tudo de gestão' e de esportes, pois foi atleta de elite e também diretor/secretário/gestor do COB, o Comitê Olímpico Brasileiro, onde foi responsável por liderar equipes e atletas nos Jogos Olímpicos e tudo funcionou com perfeição. Quando fomos sócios, aprendi muito com seu know-how e experiência. Ter participado com MV desses eventos foi enriquecedor e ajudou muito na minha atividade profissional.

– Carlos Alberto Parreira, meu amigo, ex-treinador e campeão mundial com a Seleção Brasileira em 1994

DEDICATÓRIA

Às pontes estruturantes da minha vida:

Claudia, minha maravilhosa companheira nos diferentes momentos dos "rios" que atravessamos.

Lucca, meu lindo filho, que me superou e, com bem mais jeito, segue construindo as pontes que atravessam os novos "rios";

Minha mãe, Neuza, que sempre foi um exemplo, por onde passa, de não deixar ninguém do outro lado do "rio".

E ao Dom, nosso netinho que chega para ser a ponte para os "rios" do futuro.

Amo vocês!

AGRADECIMENTOS

Aos dezenove amigos "pontes" que tiveram paciência e acharam tempo para ler os rascunhos do livro (vocês sabem quem são 😊).

A minha dupla de escrita, a jornalista Daniela Folloni, pela "ponte" entre meus *bullets* de ideias, histórias, reflexões e as páginas deste livro.

À Editora Citadel, por acreditar que, construindo mais esta ponte, ajudará muitos a atravessarem os rios da vida.

SUMÁRIO

Prefácio — 17

Introdução — 23

Capítulo 1 – A crise das relações verdadeiras — 29

Capítulo 2 – Já fez networking por obrigação? — 47

Capítulo 3 – Relacionamentos fortes X conexões vazias — 55

Capítulo 4 – O medo de se expor — 65

Capítulo 5 – Entregue-se à magia do encontro — 75

Capítulo 6 – Esteja sempre pronto para servir — 91

Capítulo 7 – Adote uma nova definição para amigo — 105

Capítulo 8 – Use o poder das pequenas gentilezas — 121

Capítulo 9 – Conecte-se no tempo certo — 139

Capítulo 10 – Tire melhor proveito das redes sociais — 149

Capítulo 11 – Como "quebrar o gelo" e gerar identificação — 161

Capítulo 12 – A arte de construir pontes — 173

Capítulo 13 – Por uma vida com mais sentido, mais próspera e mais divertida — 195

Posfácio — 203

PREFÁCIO

Costumo dizer, brincando, que Marcus Vinicius Freire – autor do livro que você tem em mãos – provavelmente já viveu umas dez vidas nesta existência. De campeão de vôlei a aluno da Singularity University, de diretor de companhia de seguros a CEO do Comitê Olímpico do Brasil (COB), de membro de conselhos a dono de empresa digital. É uma vida em que a monotonia, definitivamente, não tem vez. Entre todas essas atividades ou missões às quais se dedicou, Marcão também frequentou os bancos de algumas faculdades. Economia, Educação Física e Engenharia. As duas primeiras eu sempre entendi que estavam ligadas às suas escolhas profissionais de alguma forma. E agora entendo onde entra a Engenharia. É na capacidade infindável de construir pontes. Ainda que sejam imaginárias, ligadas não por concreto ou vergalhões, mas por afeto e amizade, as pontes do Marcão são arquitetadas com o cuidado e a precisão de um engenheiro. Ele as constrói para a eternidade, por isso é difícil encontrar alguma caída ou com as estruturas estremecidas. Porque além de ser bom construtor, ele sabe o valor da manutenção das pontes – reais ou imaginárias – para que conduzam a relacionamentos duradouros de verdade.

Conheci o Marcão pessoalmente há cerca de trinta anos. Eu, na condição de repórter, e ele como atleta. Aliás, depois de aposentado, virou comentarista – mais uma das inúmeras atividades que esse ser camaleônico exerceu com excelência. Antes de encontrá-lo na vida profissional –

cada um do seu lado da história, ou do microfone –, eu tinha no Marcus Vinicius, atleta da seleção brasileira vice-campeã olímpica de vôlei, um dos meus ídolos. Mesmo como reserva do time, o Marcão era parte do grupo de heróis que me fez descobrir a paixão pelo vôlei, em 1984, com a medalha de prata nos Jogos Olímpicos de Los Angeles. Entre eles, Bernard, Renan, Montanaro, William, Xandó e tantos outros. Na reserva, ao lado do Marcão, outro amigo querido, Bernardinho. Amigo em comum de nós dois, e para quem também tive a honra de escrever o prefácio de um livro. Acho mesmo que tanto um quanto o outro aprenderam muito no banco de reservas, observando aqueles craques da Geração de Prata. Os dois acabaram sendo melhores gestores do que jogadores, embora tenham sido incríveis na quadra também.

Depois de anos em relações que foram de ídolo e fã, entrevistado e entrevistador, ou de companheiros em transmissões esportivas, eu e o Marcão passamos a viver outra, bem mais intensa, nos últimos quatro anos, desde junho de 2019. Somos sócios na Play9, empresa mediatech 100% brasileira criada com uma dose de insanidade e muita coragem, como é natural em empreendedores no nosso país. Três anos antes eu havia saído da Globo, onde trabalhei por duas décadas, e acabava de montar a Play9 em sociedade com o youtuber Felipe Neto. Estava claro, para mim, que eu e Felipe precisaríamos do apoio de um bom sócio com histórico de executivo. Alguém que fosse correto, com credibilidade e, principalmente, que eu pudesse considerar um amigo. Talvez com isso tenha sido formado o trio de fundadores mais complementar (e improvável) que uma empresa poderia imaginar. Cada um da sua forma, passamos a ver que tínhamos nas mãos um grande negócio e que a competência de cada um, com as habilidades mais apuradas que pudéssemos trazer para o jogo, nos daria um enorme diferencial competitivo.

Neste livro, que devorei com rapidez, o Marcão deixa claras muitas mensagens que percebo no convívio diário com ele. O maior ensinamento é sobre a importância de relações sólidas e verdadeiras. Num momento em que o mundo permite conexões e curtidas de maneira desenfreada, e em que as pessoas se sustentam em relações rasas e passageiras, é fundamental que alguém venha nos chamar a atenção para a necessidade do convívio genuíno. E é o que você encontrará neste livro. Nos primeiros capítulos, uma análise conceitual do que estamos vivendo, com muitas referências bibliográficas; e, dali para a frente, experiências que a vida desse meu amigo saltimbanco (no melhor dos sentidos) permitiu reunir de maneira tão deliciosa para o leitor.

Há histórias que vão do jantar sob uma tenda no Quirguistão, de um amigo que desejava retribuir o carinho dedicado pelo autor, até o conto de fadas transformador iniciado com um pequeno gesto de atenção e afago que acabou dando a um bailarino de Manaus o empurrão de que ele precisava na carreira de artista. São histórias que conectam. A maior parte, do próprio Marcus Vinicius. Outras tantas, de alguns dos inúmeros amigos que ele fez ao longo dos seus muito bem vividos sessenta anos.

O livro também faz um alerta para a individualização dos nossos mundos. Mesmo tendo se desenvolvido ao longo de milênios para o convívio coletivo, o ser humano tem se isolado em seu universo particular nestas últimas duas décadas. E, apesar de vivermos da internet na nossa empresa – da conexão entre pessoas, público e anunciantes –, não há como deixar de refletir sobre como pode ser destrutivo o excesso de individualismo permitido pelo uso do celular e das plataformas digitais. Precisamos estar muito atentos a isso, e é o que lembra o autor em um dos capítulos do livro, dedicado especificamente a esse assunto. Afinal, o sistema de recomendação de conteúdo, nas plataformas, faz com que os grupos vivam em bolhas cada vez menores. Se você desgosta de algo escrito por alguém que seguia, tome cancelamento. E assim, entre um "*unfollow*" aqui e um cancelamento ali, as pessoas discutem cada vez mais as mesmas coisas. Com isso, podem entrar numa espiral de isolamento que as impede de entender ideias diferentes das suas.

Contra esse tipo de atitude, Marcus Vinicius propõe a construção das tais pontes. Foi nelas que apostou para constituir uma família incrível, uma carreira de sucesso, uma lista de amigos superdiversa e a maior agenda telefônica que já vi na vida. Existem dicas práticas no livro que vão deixar o leitor impressionado, principalmente quando se der conta do quão óbvios – e decisivos para uma boa relação – já foram alguns comportamentos que abandonamos no meio do caminho, como agradecer por uma indicação ou dar parabéns a alguém que esteja feliz pela realização de um trabalho bem-feito.

Marcus Vinicius ganhou o apelido de Marcão não apenas pelo seu 1,95 metro de altura, mas também – e principalmente – pelo ser generoso que é. Numa conversa, você ouvirá dele elogios que possam lhe dar força para continuar a jornada, ou críticas que não irão jamais buscar a humilhação, mas sim a lapidação. Para quem não tem, ao contrário de mim, a oportunidade de conviver com esse ser humano doce e iluminado, as páginas deste livro ajudarão a buscar um pouco de inspiração – e aplicá-la na vida ou nos negócios. Pense nesta leitura como uma jornada e transporte para ela, ao longo dos parágrafos e das páginas, a sua vontade de chegar a algum lugar com o qual sonhou. Se fizer isso, perceberá a importância das pontes. Perceberá também que a obra de um engenheiro talentoso pode ser poética e harmoniosa como a própria vida.

– João Pedro Paes Leme

ENTRE SER UMA ILHA, ISOLADA NO MEIO DO OCEANO, E UM PAÍS NO MEIO DE UM CONTINENTE, CHEIO DE FRONTEIRAS E VIZINHOS, QUAL VOCÊ ESCOLHERIA?

NÃO FAÇA NETWORKING | Marcus Vinicius Freire

INTRODUÇÃO

Entre ser uma ilha, isolada no meio do oceano, e um país no meio de um continente, cheio de fronteiras e vizinhos, qual você escolheria? Ainda que a ilha traga a tentadora promessa de uma vida mais tranquila, livre dos problemas que podem vir pela convivência com as pessoas, prefiro estar cercado de gente e viver tudo o que posso desfrutar de uma vida cheia de conexões. Isso porque acredito no poder do coletivo e da colaboração – e aprendi a funcionar assim desde o início da minha vida profissional, a partir de minha experiência no esporte.

Comecei minha trajetória como atleta na que considero a mais coletiva das modalidades coletivas. No voleibol, quando o jogador dá a manchete, ele não pode fazer o levantamento. Quem levanta não pode atacar. O primeiro passa, o segundo levanta, e o terceiro ataca. Também pode acontecer de o ataque ser feito na segunda bola. Mas um sempre tem que contar com o outro do time para completar uma jogada. Um integrante do time depende dos outros para fazer o ponto e ajuda os demais, mesmo sem ser estrela. Fiz parte da seleção que ficou conhecida como a Geração de Prata, nos Jogos Olímpicos de Los Angeles, em 1984, quando subimos ao pódio no segundo lugar e ganhamos a primeira medalha olímpica do Brasil nesse esporte. O time, comandado pelo técnico Bebeto de Freitas e que tinha no elenco William, Bernard, Bernardinho, entre outros feras, também conquistou importantes títulos, como o Mundialito, em 1982, o Campeonato Sul-Americano e o Pan-Americano, em 1983. Dos doze jogadores do meu time, eu era o mais novo e, possivelmente, o mais na média. Havia lá uns seis, sete craques, uns quatro muito bons e dois ou três medianos, mas todos tinham sua função naquela engrenagem.

Em casa, na infância, também nunca fui a estrela e aprendi a viver em time. Somos quatro irmãos, todos homens. Minha mãe nunca trabalhou fora de casa e foi uma leoa cuidando dos quatro filhos. Com toda a família, rodei o Brasil a cada transferência de cidade do meu pai, que construiu carreira no Exército e chegou à reforma como general.

Comecei a jogar vôlei com treze anos. Primeiro no Brasil, depois na Itália. Morar naquele país era meu sonho antes mesmo de pensar em ser jogador de vôlei. Cheguei lá sem saber falar italiano e tive que me virar. Eu tinha 25 anos e me tornei um dos destaques do time da cidade de Mantova. Era o único estrangeiro e, a cada semana, eu ia do céu ao inferno. Quando a gente ganhava, eu era o anjo, estupendo! Mas... no dia em que perdia, virava "*brasiliano di merda*". Foi nos anos na Itália que construí maturidade, inteligência emocional, perfil de liderança e responsabilidade a ponto de me tornar capitão do time. Fui tomando as rédeas do grupo. Enquanto na minha casa, no Brasil, eu era considerado o mais calado, para os padrões europeus eu era o mais comunicativo. Era eu quem juntava a turma, chamava todo mundo na minha casa e organizava as festas. Hoje brinco que falo melhor italiano do que português. Essa experiência internacional me fez aprender muito sobre conexões e o poder delas.

Depois do vôlei, mudei de área completamente. Troquei a camiseta e o calção por terno e gravata e fui trabalhar em várias empresas do mercado de seguros. Em vez de trocar de emprego e me manter numa mesma área, acabei tendo seis diferentes profissões em seis diferentes mercados ao longo de quarenta anos. Há quem pense que é complicado sair de uma área e entrar em outras. Quem olha de longe pode ter a impressão de que, de tempos em tempos, estou começando do zero uma nova profissão, mas não vejo assim. De cada experiência profissional, levo não apenas uma bagagem de conhecimentos – muitos deles não técnicos, que podem ser aplicados e adaptados a qualquer área, como habilidades de gestão de pessoas, por exemplo. Levo também as pessoas, pois não sou daqueles que limpam a mesa, dão adeus e dizem "Beijo, não me liga". Por isso mesmo, mantenho muitos relacionamentos com pessoas com trajetórias bem distintas. Construir vínculo, estabelecer uma conexão e manter as portas abertas são lemas de vida. Sou um acumulador de gente, um costureiro de conexões. Conforme os anos passam, essa minha teia de contatos vai ficando mais cheia de fios e mais resistente. Por causa das pessoas e com as pessoas, acabo sempre criando vínculos e somando. Isso é um negócio incrível, que vira uma bola de neve crescente e só amplia as oportunidades em diversas áreas.

Costumo dizer que fui um profissional ordinário, mas brindado com uma vida extraordinária. E essa vida extraordinária foi resultado desse jeito de viver conectado com as pessoas, que me dá diariamente oportunidades de estar perto de muita gente diferente, inclusive daquelas que vejo como agentes sociais e das mudanças e revoluções que acontecem no mundo. Falo daquelas que não se conformam em rezar pelos manuais de regras e procedimentos estabelecidos. Pessoas que querem desafiar o *status quo*, que são questionadoras, que desejam mudar o mundo por onde passam. De gênios do esporte a empreendedores sociais, passando por artistas geniais e pessoas de qualquer profissão ou nível social que têm como valor fazer a diferença no mundo. Estar perto de gente assim é ampliar o olhar sobre o mundo o tempo todo, trazendo *insights* para a própria vida, seja no âmbito profissional, seja no pessoal. Muito do que aprendo com elas me ajuda a construir quem sou, e acabei me tornando uma delas. Aprendi que preciso das outras pessoas e que também posso fazer a diferença ao ajudá-las. A relação é de troca, colaboração e inspiração. Circulando em vários ambientes, me relacionando com pessoas muito diferentes umas das outras e criando relações verdadeiras, acredito que me tornei um profissional mais completo e uma pessoa mais interessante e humana.

Considero que meu principal talento, o que mais aprimorei ao longo dos anos e se tornou minha marca registrada, é saber me relacionar. O aprendizado de funcionar no coletivo que tive com o vôlei eu levei para a vida, e hoje crio grupos, faço conexões e formo coletivos. Como diz meu querido amigo Gabriel Chalita, procuro ser um construtor de pontes. Faço isso naturalmente, pois sinto necessidade de atuar na vida, de trocar com as pessoas, de ajudar, de participar. Para muita gente, relacionamento faz parte do trabalho. É o chamado networking. Mas o "fazer networking" pode soar como algo premeditado, provocado. Aquela história de "nunca almoce sozinho", afinal, "não se sabe o dia de amanhã, e você pode precisar das pessoas" não é o que eu vivo nem no que acredito.

O que proponho com este livro é ajudar você a criar conexões verdadeiras por onde quer que passe, de uma maneira natural, ajudando e sendo ajudado, sem pensar em como e quando vai obter uma vantagem por isso. Vou confessar uma coisa: não faço a menor questão de fazer almoço de negócios; ainda assim, me sinto profundamente conectado com as pessoas. Mais do que um pré-requisito na lista de atitudes do profissional bem-sucedido, acredito que a conexão, ou o networking, pode ser um estilo de vida, uma maneira de se fazer presente de fato na vida das pessoas. E isso pode ser muito mais fluido, genuíno e feito de diversos modos, que vão bem além de marcar um encontro em um restaurante de tempos em tempos.

Transformei em teoria o que para mim é um estilo de vida. Por meio dessa troca constante com as pessoas, me mantenho atualizado e presente. Conecto e sou conectado. Portanto, estou sempre trabalhando por um mundo melhor, mais potente, pautado em colaboração. Espero que esta leitura traga reflexões e o estimule a viver construindo pontes que tornem o mundo um lugar mais cheio de amigos e, portanto, mais cheio de oportunidades e relações verdadeiras.

- Marcus Vinicius Freire

Capítulo 1

A CRISE DAS RELAÇÕES VERDADEIRAS

O ano é 2007. A cidade do Rio de Janeiro lança sua candidatura oficial para sediar os Jogos Olímpicos de 2016. Tóquio, Madri, Doha, Baku, Praga e Chicago também estão no páreo. Como diretor voluntário de esportes do Comitê Olímpico do Brasil desde 2000, estou engajado na campanha. Nesse momento, uma notícia chega aos meus ouvidos: o presidente do comitê organizador de Chicago é ninguém menos que meu ex-chefe, o empresário americano Patrick Ryan. Pat Ryan, como é conhecido no mundo dos negócios, é o fundador da Aon Corporation, empresa de seguros para a qual trabalhei de 2000 a 2006 e que figurava entre os três maiores *brokers* de seguros do mundo, contando com mais de dez mil colaboradores espalhados pelos cinco continentes. Na época, ele era presidente mundial da empresa, e eu, um simples diretor da filial do Rio de Janeiro, no Brasil. Lembro-me da primeira vez que nos encontramos. Fui a Chicago para conhecer o QG, quartel-general da Aon. Quando cheguei à sede da empresa, fui informado de que o CEO me esperava na sala dele. Gelei. Afinal, o que o todo-poderoso da empresa poderia querer falar comigo? Enquanto pegava o elevador e subia até a cobertura do edifício, fiquei levantando hipóteses sobre o que eu talvez tivesse feito de errado – ou não tivesse feito. Entrei na sala e, durante a conversa, me surpreendi ao ouvir sua pergunta: "Você é medalhista olímpico, certo?". E me surpreendi mais ainda com o que ouvi, em tom de confissão: "Meu sonho sempre foi ser atleta olímpico. Trocaria tudo isso aqui para participar de uma Olimpíada".

Saí da sala aliviado e feliz por ter minha história prévia no esporte reconhecida pelo dono da empresa. Satisfeito também por estar trabalhando em uma empresa que tem como dono e CEO uma pessoa de valores que sempre prezei, como os da conexão verdadeira com pessoas, independentemente da hierarquia da empresa, da classe social e de qualquer diferença. Em um momento daquela conversa, Pat teve a humildade de se colocar como meu admirador e, dessa forma, sinalizou que se estabelecia ali uma relação além dos cargos que ocupávamos. Em 2000 ele era chefe, e eu, funcionário. Mais tarde, em 2006, nossas vidas se cruzaram novamente com a notícia de que ele era o presidente do comitê organizador da cidade americana. Não pensei duas vezes e logo abri meu notebook, dei uma busca em seu endereço de e-mail e enviei a seguinte mensagem: "Boa sorte para a cidade de Chicago. Vamos nos encontrar na final! Se vier ao Rio para o Pan no ano que vem, me procure, vamos almoçar. Abs MVF". Mais tarde, nos Jogos Pan-Americanos de 2007, recebi uma ligação do chefe da delegação americana, que não estava entendendo nada: "Olha, Marcus, acho que é engano, mas estão me dizendo aqui que o presidente do comitê de candidatura de Chicago quer almoçar com você na vila dos atletas no Pan". Abri um sorriso de satisfação, Pat continuava o mesmo cara, dando o mesmo valor aos relacionamentos e às pessoas. O e-mail nos reconectou. Respondi: "Se é o Patrick Ryan, é meu amigo. Espera aí, que estou indo!".

Gosto de contar esse episódio porque todos os dias vejo que está ficando cada vez mais comum as pessoas fazerem o oposto do que fiz. Talvez o "normal" fosse ficar na minha, apoiado em uma série de razões para não tomar a iniciativa de mandar um e-mail para o meu ex-chefe e, na ocasião, rival. Algumas delas: "Ele não vai nem me responder". Ou "Imagina se um cara desse nível vai se lembrar de mim! Na época em que trabalhei na Aon, a empresa tinha mais de dez mil funcionários pelo mundo!", ou, ainda, "Agora somos concorrentes. Não faz o menor sentido eu me aproximar".

Talvez por não ter pensado nada disso – na grande maioria das vezes, nunca penso no lado negativo de fazer uma conexão –, muita gente me diz que sou cara de pau. Prefiro outra explicação: acredito no poder dos relacionamentos e realmente acredito em tudo de bom que eles podem gerar entre as pessoas. Nós nos reencontramos em Copenhague na fase final da escolha da cidade-sede dos Jogos Olímpicos de 2016, e, mais uma vez, ele me encontrou com um forte abraço e a mensagem de boa sorte para o Rio de Janeiro na disputa. O sucesso que ele nos desejou se concretizou, e ganhamos naquela ocasião o direito de sediar os Jogos Olímpicos sete anos depois.

AS BARREIRAS DA CONEXÃO

Segundo dizia um dos maiores pensadores da história, Aristóteles, o homem é um ser social, porque precisa dos outros membros da espécie. O filósofo grego afirmava, ainda, que o homem precisa de outras pessoas porque é um ser carente, e a forma que ele encontra para suprir essa carência é vivendo em sociedade, próximo de gente. É com as outras pessoas que o ser humano se sente pleno e feliz. Concordo com ele! Queremos nos conectar, nos ajudar, nos relacionar. Isso é o que fazemos quando estamos em nosso estado natural, essa é a nossa natureza. No entanto, em algum momento, as pessoas começaram a criar barreiras para estarem próximas umas das outras. Passou-se a viver correndo atrás do sucesso e ver boa parte das relações como estratégicas, em vez de relações simplesmente genuínas.

No livro *Bowling Alone – The Collapse and Revival of American Community* (em livre tradução para o português, Jogando boliche sozinho – O colapso e o renascimento da comunidade americana), Robert

O HOMEM É UM SER SOCIAL, PORQUE PRECISA DOS OUTROS MEMBROS DA ESPÉCIE

NÃO FAÇA NETWORKING | Marcus Vinicius Freire

D. Putnam mostra como a mudança de hábitos pela qual passamos nas últimas décadas foi nos deixando cada vez menos sociais e mais fechados em nossos mundos. A forma como usamos o tempo de lazer, por exemplo, nos dá um panorama de como fomos trocando momentos de convívio com as pessoas por situações em que ficamos mais solitários e nos divertimos sozinhos. Uma das fases da nossa história em que isso aconteceu foi após a chegada da televisão. O livro conta que, em 1929, 6 centavos de cada dólar gasto pelo consumidor para seu lazer eram destinados a pagar clubes, ambientes que sempre propiciaram convívio social. Com a chegada da televisão, na década de 1950, e a explosão nos Estados Unidos das vendas de aparelhos de tevê, o valor gasto para ter acesso a momentos de diversão que propiciam convívio, olho no olho e interação caiu para 4 centavos. Durante as últimas três décadas do século, esse número diminuiu ainda mais um pouco, chegando a 3 centavos, de modo que, em 1997, virou um dado evidente que, para os americanos, o lazer em frente à tevê ganhou espaço na rotina. Em contrapartida, os clubes perderam espaço na vida das pessoas. Ver televisão é uma atividade que pode ser feita individualmente, não exige interação. Salvo em alguns casos, como quando é época de Olimpíadas ou Copa do Mundo, em que aqui no Brasil queremos nos reunir para torcer juntos. Os clubes que deixaram de ser frequentados eram os lugares mais simbólicos da interação, dos encontros, da troca entre pessoas. Continuam sendo até hoje locais em que há muitos espaços e oportunidades para o convívio social e esportivo. Sem frequentá-los, perdemos algumas oportunidades de nos relacionar e conviver com as pessoas em ambientes de lazer. E essa é apenas uma das evidências baseadas em pesquisas de que a nossa realidade foi nos levando a ficar mais fechados em nossos mundos.

Chegando aos dias de hoje, vivemos o que o filósofo francês Gilles Lipovetsky chama de hipermodernidade. Nesse mundo hipermoderno, o homem político dá lugar ao homem psicológico. Ou seja, deixamos de usar as nossas habilidades para conviver com as pessoas, trocar ideias, bater papo... para usar mais nossos pensamentos, fechados em nosso universo particular, focados em vencer na vida e encontrar a felicidade por conta própria, sem precisar muito dos outros. O homem se torna um ser psicológico que determina seus próprios valores. E aquele conceito clássico de Aristóteles, de que o homem é um animal político que nasceu para viver em sociedade, acaba sendo deixado de lado. O resultado desse isolamento causa o que ele chama de Era do Vazio. Nessa era, os indivíduos não se guiam mais por costumes, valores, instituições. Criamos uma vida que é vivida sem a necessidade de pessoas. Há até quem ache que as pessoas atrapalham. Começa a valer o "bloco do eu sozinho", do cada um por si, da "minha vida, minhas regras". E ninguém tem nada a ver com isso. É como dizer assim: "Eu não estou nem aí para o outro. Vou ser aquilo que quero ser. Mesmo que aquilo que eu queira ser vá romper com os valores que a minha família segue, que a minha religião segue ou que o meio segue, vou construir os meus próprios valores". Segundo o filósofo, esse homem hipermoderno tende a se fechar em seu próprio universo e acaba vivenciando um processo de isolamento cada vez mais contínuo. Se, no passado, na Antiguidade e na Renascença, havia os sonhos coletivos – de mudar as sociedades, de imaginar novas sociedades –, na modernidade esses sonhos passaram a ficar individualizados. É só fazer uma lista dos sonhos que temos hoje para isso ficar evidente. As pessoas hoje sonham em ter uma ótima carreira, ter filhos e cuidar bem deles, ter um trabalho apaixonante, sonham em viajar, sonham em consumir,

CRIAMOS UMA VIDA QUE É VIVIDA SEM A NECESSIDADE DE PESSOAS. HÁ ATÉ QUEM ACHE QUE AS PESSOAS ATRAPALHAM

NÃO FAÇA NETWORKING | Marcus Vinicius Freire

sonham não ficar velhas, manter a saúde, a beleza, a inteligência. Não existem mais grandes utopias, mas os sonhos continuam, só que de um jeito muito mais individual. Passamos a viver os sonhos sozinhos e nos acostumamos a nos realizar neles, como se estivéssemos isolados do mundo. E o mais interessante é que Lipovetsky vê isso não como um movimento egoísta, mas sim como algo que temos feito para nos sentir livres. Nas palavras dele:

"O individualismo é um conceito que é frequentemente associado ao egoísmo. Algumas vezes, essas duas palavras são consideradas até mesmo sinônimos. O individualista é aquele que pensa em si mesmo e não está preocupado com os outros. Por isso, acaba virando um sinônimo de egoísmo. Eu proponho uma outra leitura. Resumindo, eu proponho uma abordagem moral. O individualismo é uma resposta à nova configuração dos valores modernos. (...) A ideia do individualismo segue a ideia de que cada um é livre e igual aos outros. Portanto, ele legisla a própria vida, ele deve organizar a própria vida e viver com liberdade. O individualismo significa liberdade."

Esse jeito de buscar a liberdade, a meu ver, não traz felicidade nem torna a vida mais fácil. Pelo contrário, torna a vida mais difícil, porque deixamos de contar com os outros para conquistar nossos sonhos e mesmo para compartilhar bons momentos quando conquistamos nossos objetivos. A vida perde em cor, sabor e emoção se nos isolamos.

Uma visão que complementa a de Gilles é a do sociólogo polonês Zygmunt Bauman, descrita no livro *Modernidade líquida*. Bauman fala de mais um ponto bem comum na vida atual, que é a necessidade de ter os interesses privados satisfeitos de imediato. Na constante correria e pressa em que vivemos, faltam tempo e paciência e até visão de futuro para construir relações verdadeiras, aquelas que são alimentadas no longo prazo. Dá para entender. O mundo está cheio de desafios e mudanças. O futuro nos parece cada vez mais incerto, e ficamos com a sensação de que temos que fazer alguma coisa – e rápido – para nos proteger, para garantir nossa sobrevivência, para nos livrar do mal. Diz ele: "Num mundo em que o futuro é, na melhor das hipóteses, sombrio e nebuloso, porém mais provavelmente cheio de riscos e perigos, colocar-se objetivos distantes, abandonar o interesse privado para aumentar o poder do grupo e sacrificar o presente em nome de uma felicidade futura não parecem uma proposição atraente, ou mesmo razoável. Qualquer oportunidade que não for aproveitada aqui e agora é uma oportunidade perdida; não aproveitar uma oportunidade se torna uma coisa imperdoável, e não há desculpa fácil para isso, nem justificativa".

Nessa lógica, preferimos viver relações mais leves e superficiais, porque assim é menor o risco de prejuízos. Bauman diz que "agora" é a palavra-chave da estratégia de vida, ao que quer que essa estratégia se aplique e independentemente do que mais possa sugerir. O filósofo segue explicando como tem funcionado a nossa cabeça nos dias atuais: "Num mundo inseguro e imprevisível, o viajante esperto fará o possível para imitar os felizes globais que viajam leves; e não derramarão muitas lágrimas ao se livrar de qualquer coisa que atrapalhe os movimentos. Raramente param por tempo suficiente para imaginar que os laços humanos não são como peças de automóvel – que raramente vêm prontos, que tendem a se deteriorar e desintegrar facilmente se ficarem hermeticamente fechados e que não são fáceis de substituir quando perdem a utilidade. E assim a política de 'precarização' conduzida pelos operadores dos mercados de trabalho acaba sendo apoiada e reforçada pelas políticas de vida, sejam elas adotadas deliberadamente ou apenas por falta de alternativas. Ambas convergem para o mesmo resultado: o enfraquecimento e decomposição dos laços humanos, das comunidades e das parcerias. (...) Em outras palavras, laços e parcerias tendem a ser vistos e tratados como coisas destinadas a serem consumidas, e não produzidas; estão sujeitas aos mesmos critérios de avaliação de todos os outros objetos de consumo. No mercado de consumo, os produtos duráveis são em geral oferecidos por um 'período de teste', e a devolução do dinheiro é prometida se o comprador estiver menos que totalmente satisfeito. Se o participante numa parceria é 'concebido' em tais termos, então não é mais tarefa para ambos os parceiros 'fazer com que a relação funcione', 'na riqueza e na pobreza, na saúde e na doença', trabalhar a favor nos bons e maus momentos, repensar, se necessário, as próprias preferências, conceder e fazer sacrifícios em favor de uma união duradoura".

Se reclamamos por viver uma crise das relações verdadeiras, dos laços de empatia e de carinho, é porque falta disposição para conhecer o outro de verdade, tentar fazer os relacionamentos darem certo e se ajudar mutuamente. Tudo isso foi ficando incomum. Fomos passando batido pelas pessoas. Portas foram fechadas, e o que poderia ser feito neste instante foi sendo deixado para depois. Dar um telefonema no dia do aniversário. Mudar a programação do dia para ajudar uma pessoa que está visivelmente precisando. Marcar um encontro com amigos. Segurar a porta do elevador. Criou-se uma acomodação. Deixamos de ser proativos em relação a fazer algo pelo outro. E como esse fenômeno é praticamente geral, cada um vai se isolando numa ilha. O que fica é uma sensação de que estamos sozinhos, mas nunca achamos que é por culpa nossa. Sempre achamos que foi o outro que se afastou. E assim vamos vivendo, pensando que a vida é assim, que o mundo é assim mesmo. As pessoas estão mais afastadas umas das outras e nunca se sentiram tão sozinhas, como os números comprovam.

Segundo um estudo feito em 2020 e 2021 pelo Instituto Ipsos com a população de 28 países, 50% dos mil entrevistados no Brasil disseram sentir solidão "muitas vezes", "frequentemente" ou "sempre". Não apenas no Brasil, mas também no mundo todo. Segundo outro estudo divulgado em fins de janeiro de 2020, 61% dos norte-americanos relataram se sentirem sós. Dentre eles, os jovens são os mais afetados: 79% da geração Z (nascidos após 1995) e 71% da geração Y (nascidos entre 1981 e 1995), diz o Loneliness Index de 2020.

Essa sensação de isolamento e solidão ficou mais agravada ou mais acelerada pela pandemia do coronavírus, que nos deu um gostinho amargo do que seria um mundo sem o contato real frequente. Desde fevereiro de 2020 até hoje, vivenciamos uma fase de menos encontros, menos olho no olho. Essa necessidade de encontrar as pessoas e se relacionar, no entanto, fica lá dentro da gente e acabou encontrando uma válvula de escape providencial: as redes sociais.

Ao mesmo tempo que nos isolamos fisicamente, suprimos pelo celular a necessidade aristotélica de sermos sociais. Com as redes sociais, temos a sensação de estar perto de muita gente, acompanhando a vida das pessoas o tempo todo, e nos sentimos, de certa forma, mais próximos delas. Por fotos e vídeos, até conhecemos casas onde nunca pisamos pessoalmente! Isso sem falar que podemos ter centenas, milhares e até milhões de amigos, seguidores, fãs. O mundo está conectado, sim, não há dúvidas, mas carente de relações verdadeiras.

O problema não é a tecnologia em si, pois ela possibilitou a criação de ferramentas que facilitam o encontro para interesses profissionais, para encontrar a cara-metade, para reencontrar velhos amigos, para fazer novos. A questão é a maneira como estamos nos relacionando com o uso desses facilitadores. O fato de uma conexão poder ser feita a um clique não significa que a construção de um relacionamento seria igualmente simples e automática. Uma conexão verdadeira e a manutenção dela continuam sendo papéis das pessoas. Relações passam a ser rasas e descartáveis quando não têm a atenção que merecem. Com muito mais olho na tela do que olho no olho, a conexão se esvazia, quando não se perde. Encontrar um jeito de saber como todas as pessoas estão, falar com elas quando quiser, é muito conveniente. Mas o virtual não faz essa ponte sozinho. Precisa de atitude.

"A tecnologia, que deveria conectar, não conectou. O Facebook não conectou, o Instagram não conectou, nem o LinkedIn", diz meu amigo filósofo e catedrático Paulo Monteiro. Fazemos parte de um grupo de pessoas chamado Pindorama, que pensam o nosso país e tentam fazer a sua parte com ideias e ações de impacto principalmente nas áreas de educação e trabalho. "Num sentido instrumental, sim. No sentido de conexão humana, não. Está isolando mais as pessoas. Existe essa bandeira de que a tecnologia vai mudar o mundo, mas quem muda o mundo é quem usa a tecnologia. Tem um *Homo sapiens* por trás dela. E tem uma discussão que a está colocando como intocável. 'Não, o *sapiens* não tem o que falar, só tem que seguir a tecnologia'. Isso confesso que me frusta, porque é relegar o ser humano a seguir, sem criticar."

A tecnologia vai continuar decolando com a internet das coisas – há previsões de que até 2025 serão mais de 75 bilhões de dispositivos conectados entre si e trocando informação, segundo pesquisas do Grupo Meta, ex-Facebook – e com a realidade virtual hiper-realista do metaverso. Acompanho tudo isso crescendo de perto, acredito nos benefícios, mas creio também que é urgente e importante se colocar como agente transformador de tudo isso. Porque, na verdade, o ser humano é e sempre foi esse agente transformador. No livro *The True Creator of Everything: How the Human Brain Shaped the Universe as We Know It* (em livre tradução para o português, O verdadeiro criador de tudo: como o cérebro humano moldou o Universo como o conhecemos), o neurocientista brasileiro Miguel Nicolelis explica como foi a evolução do cérebro humano até se tornar um computador orgânico superior a qualquer outro existente. Só por causa desse cérebro potente é que temos a capacidade, por exemplo, de nos adaptar e aprender e temos potencial de liderança – ou seja, conseguimos fazer com que vários indivíduos sincronizem suas mentes em torno de uma tarefa, um objetivo ou uma crença. Segundo Nicolelis, para funcionar assim, nosso cérebro precisa de um treinamento cognitivo que vem das nossas interações sociais. Então, toda vez que abrimos mão de nos relacionar, abrimos mão de desenvolver essa nossa máquina, que é muito mais sofisticada do que qualquer dispositivo digital.

Então, tudo certo em usar toda a facilidade da conexão virtual a seu favor, mas não podemos nos limitar a ela. Precisamos recuperar o contato social, o abraço, o beijo, as conversas, as trocas, o calor humano e todas as interações que nos fazem entrar em sintonia com o outro. Segundo Nicolelis, todas as atividades em grupo requerem que os cérebros dos indivíduos se sincronizem. Então, retomar posse de seus relacionamentos de uma forma genuína e verdadeira é manter seu cérebro em plena forma. Isso vai se refletir na sua performance em tudo o que você fizer e ainda tornará sua vida muito mais interessante e cheia de significado.

PRECISAMOS RECUPERAR TODAS AS INTERAÇÕES QUE NOS FAZEM ENTRAR EM SINTONIA COM O OUTRO

NÃO FAÇA NETWORKING | Marcus Vinicius Freire

Capítulo 2

JÁ FEZ NETWORKING POR OBRIGAÇÃO?

Na cultura da competitividade, em que palavras como concorrência, rivalidade e competição nos dividem, aprendemos a nos virar sozinhos e acreditar que chegaremos mais longe se formos armados, protegidos e por conta própria. Mas, apesar de vivermos cada vez mais sozinhos em busca de realizar nossos sonhos, sabemos que é preciso construir relações para ter sucesso. Certamente você já se deparou com um manual para fazer networking, com uma lista de atitudes que podem ser vistas com bons olhos pelas pessoas, mas que, na verdade, nada mais são do que estratégias para camuflar o interesse de pedir ajuda mais tarde, um dia, se precisar. Isso porque se acredita que ninguém faz nada de graça, que sempre há um interesse por trás e que ninguém vai ajudar ninguém se não for pela regra do toma lá, dá cá. Dessa maneira, cada indivíduo se sente por sua conta e risco. Como resultado disso, vemos pessoas pensarem em pessoas apenas como meios de atingir um objetivo pessoal. Acabamos criando essa forma artificial de fazer networking, muito difundida.

É provável que, em algum momento da sua trajetória, você já tenha sentido a obrigação de fazer esse chamado networking instrumental. Isso é muito típico da segunda metade do século 20. Aquela história de dez dicas para fazer amigos e ter sucesso profissional… Na hora de fazer networking, primeiro sorria e depois dê um aperto de mão forte… Nunca almoce sozinho… Relacionar-se virou um tema com regras da cartilha profissional, mas que não gera conexões genuínas – nem tudo é trabalho, nem tudo diz respeito a regras. Isso é apenas transformar as pessoas em tecnocratas do networking.

Talvez, simplesmente por não ter tempo de marcar um papo com os ex-colegas da faculdade para saber como eles estão hoje, você não faça o tal networking com a frequência que mandam – e ache que acabou perdendo a chance de "requentar" um relacionamento pela motivação de garantir sua empregabilidade ou portas abertas em algum momento. Mas será que perdeu mesmo? Será que transformar algo que deveria ser espontâneo, orgânico, mais visceral e mais significativo em algo instrumental dá certo?

As relações abrem portas profissionais, sim, mas não vão ser duradouras e verdadeiras se forem construídas de um jeito forçado. Sabe aquela máxima que diz que sempre arrumamos tempo para o que queremos de fato? Ela se encaixa aqui. Se você der uma olhada na sua vida, vai ver que tem tempo para aquilo que traz benefício imediato. Quando se trata de relações, uma grande amizade traz benefício imediato. É mais gostoso, espontâneo, orgânico ligar para alguém com quem a gente pode rir, se abrir, mostrar nosso lado não tão legal ou imperfeito. Bem diferente de um encontro programado em que cada palavra é pensada de modo a exibir uma lista de habilidades e de qualidades do currículo.

Também nos iludimos com a ideia de que ter um meio de chegar a uma pessoa é suficiente para nos conectar com ela. Pegar uma lista de e-mails de gestores de RH e enviar com um belo texto padrão para todos, candidatando-se a uma vaga, pode dar certo? Pode até dar. Mas está longe de ser a melhor maneira de se apresentar para um cargo. A resposta, na maioria das vezes, se ela vier, será um e-mail automático igualmente padronizado. Por quê? Porque conexões de verdade não acontecem de forma robotizada. Precisam de falas e trocas com verdade, reais.

Já sentiu que perdeu o jeito para se conectar de verdade? Não é só você. Por falta de tempo ou por ter se acostumado a resolver tudo em textos telegráficos, por achar que passar a mão no telefone para ligar para alguém agora é só em caso de urgência, muita gente ficou mais

AS RELAÇÕES ABREM PORTAS PROFISSIONAIS, SIM, MAS NÃO VÃO SER DURADOURAS E VERDADEIRAS SE FOREM CONSTRUÍDAS DE UM JEITO FORÇADO

NÃO FAÇA NETWORKING | Marcus Vinicius Freire

reclusa. Ligar para bater papo, então... Nossa, pode soar invasivo. No aniversário? Vá lá, quando as pessoas fazem parte do rol dos melhores amigos de infância. Ou é o pai, a mãe, o avô. É tão fácil cair nas armadilhas virtuais que até quem tem relacionamento nas veias, o que é o meu caso, se trai, às vezes. Fui convidado com um telefonema supersimpático para a festa de aniversário de um dos meus melhores amigos – amizade de mais de 45 anos. Ele armou um almoço na casa dele, mas não pude ir, pois estaria viajando. Agradeci o convite e justifiquei a razão da minha ausência. Até aí, tudo bem. Mas então cometi um erro: no dia do aniversário, no lugar de ligar, apenas mandei um WhatsApp. Muito pouco para a proximidade que temos.

A polarização de ideias que vivemos hoje também deixa muita gente sem disposição para se relacionar com quem possa ser e pensar diferente. Dá para entender a lógica. Em um mundo com tantos conflitos, parece que vai ser mais fácil, menos tenso ou desgastante achar feio o que não é espelho. Nesse contexto, a lógica do "cada um no seu quadrado" prevalece. Ou seja, parece melhor deixar de conviver com quem não pensa igual para evitar conflitos, aborrecimentos e troca de ideias. Criou-se uma intolerância a pontos de vista diferentes, pela falta de disposição e abertura para entender a opinião do outro. Mas será mesmo que é necessário conviver apenas com quem tem opiniões e gostos parecidos? Não ter oportunidades nem contextos que permitam uma troca de ideias capaz de fazer a empatia, a amizade e o carinho ficarem acima das diferenças faz com que as pessoas virem produtos numa prateleira e sejam rotuladas. E um rótulo nada mais é do que um invólucro. Não representa tudo o que uma pessoa é, de fato.

Capítulo 3

RELACIONAMENTOS FORTES X CONEXÕES VAZIAS

O melhor restaurante que conheci na Ásia Central foi o Supara. Imbatível. Espetacular. Comida tradicional do Quirguistão servida em um restaurante cheio de tendas (*yurtas*), um tipo de cabana. Claudia e eu nos sentamos dentro de uma *yurta* e fomos servidos de tudo a que tínhamos direito. Começamos com os pães. Maravilhosos. O *kattama* é um pão folhado com cara de pão da vovó, segundo os quirguis. O *gupka* é como uma pizza branca para comer com um tipo de requeijão feito por eles. E os pequeninos *boorsoks* são quadradinhos de pão frito. Depois pedimos saladas e *kebabs*. A comida vinha acompanhada de chás, feitos num samovar lindo que fica na entrada da *yurta*, e de muita vodca nacional, que os locais dizem ser melhor do que a russa. Esse restaurante é um pouco afastado do centro da capital, Bishkek, e precisa de reserva. Só conheci o lugar porque tenho um amigo no Quirguistão, Salamat Ergeshov. Ele fez questão de se encontrar comigo e com a Claudia, minha mulher. Uma noite inesquecível. Ele nos recebeu em seu país de braços abertos e com tapete vermelho, literalmente. Presenteou-me com uma passadeira linda e gigante em tons de vinho, rosa e verde, feita pela família da esposa dele durante anos de trabalho em sua tribo nômade. Também me deu o maior porre da minha vida, porque queria mostrar que a vodca local era melhor que a russa. Bebo bem pouco e não precisei de muitas doses para concordar e passar da conta.

Fico pensando há quanto tempo essa noite mágica foi arquitetada. Em como essa relação se estabeleceu. Sem interesse imediato, apenas pela vontade de ajudar. Foi na Olimpíada de Londres, em 2012, que nos conhecemos. Ele era chefe da pequena delegação do Quirguistão. Era sua primeira experiência em Jogos Olímpicos, e me dispus a ajudá-lo com o que precisasse.

O que está mudando radicalmente é a nova forma como nos conectamos. Estamos cada vez mais imediatistas, ansiosos. Com pressa de obter algum benefício, acabamos construindo relações com gosto de fast-food. Com mais calma, sem imediatismo, cuidando de todos os detalhes que um relacionamento demanda, é possível se fartar em relações que se tornam verdadeiros banquetes, garantindo experiências que dinheiro nenhum paga, como essa que eu tive. Coisas que só as conexões bem construídas trazem.

Essa história me faz pensar em como os relacionamentos fortes e duradouros são construídos. Eles demandam tempo, assim como o preparo de uma comida saborosa, que precisa ser feita com atenção e cuidado. Ler a receita atentamente, separar os ingredientes, picar e cortar o que for preciso, esperar o tempo certo de cozimento... Quando fazemos tudo isso, o resultado lá na frente vai ser muito mais saboroso e aproveitado.

Um dos equívocos é achar que basta estar conectado por uma rede social para ter um amigo. Proponho o seguinte exercício de reflexão: abra a rede social que você mais usa e olhe a sua lista de conexões, seguidores, inscritos... Quantos nomes há ali? E quantos deles você convidaria para ir à sua casa? Apesar da facilidade de aumentar o número de amigos apenas apertando o botão de seguir, o critério é muito menos seletivo – até porque aceitar a "amizade" ou o seguidor não necessariamente quer dizer que você vai convidar aquela pessoa para uma festa na sua casa. A própria conexão começa de um jeito mais superficial. Na pior das hipóteses, em caso de qualquer desapontamento com uma postagem, é possível dar um *unfollow* instantâneo. Quem nunca? Claro que também se estabelece uma comunicação nesse meio, seja por um comentário ou até mesmo por uma réplica sincera ou pouco

COM PRESSA DE OBTER ALGUM BENEFÍCIO, ACABAMOS CONSTRUINDO RELAÇÕES COM GOSTO DE FAST-FOOD

NÃO FAÇA NETWORKING | Marcus Vinicius Freire

simpática a uma postagem. No entanto, a falta do olho no olho muda essas conexões. Faz a gente se comunicar com as pessoas por meio de coraçõezinhos e palminhas, nivelando o nível de intimidade que temos com as pessoas até mesmo sem perceber. Uma amiga da escola, que você conhece como a palma da sua mão, pode ganhar, no dia do aniversário, um emoji assoprando uma língua de sogra, assim como a filha da vizinha, da qual se tem uma vaga ideia de quem seja. O risco de estar em uma rede social é achar que o simples fato de postar algo significa cultivar amigos. Seria ótimo se fosse simples e rápido. Mas ainda precisamos da conexão um a um – e construí-la está mais para um espaguete à carbonara com calma. Está mais para ligar para a pessoa, chamar em casa, combinar de encontrar. E menos para dar um *like* e achar que isso basta.

Meu amigo e sócio João Pedro Paes Leme está escrevendo um livro sobre o poder da influência. Em uma das conversas que tivemos, ele explicou esse fenômeno e suas consequências. O que aconteceu na mudança da comunicação? Antes, você fazia um para um, só conversava com quem estava presente. Ele dá o exemplo das pinturas rupestres, depois dos monges copistas e da própria Bíblia. Quando chegam rádio e cinema, passa a ser um para muitos. E hoje temos a comunicação de todos para todos, como diz João Pedro. Podemos entender o efeito disso com o exemplo do antes e depois da fofoca, uma prática muito comum em seres sociais. João conta essa teoria em seu livro: "Comunicação eficaz com grupos pequenos é um comportamento atávico do ser humano. No genial best-seller *Sapiens*, lançado em 2011 pelo historiador israelense Yuval Harari, o autor mostra, em vários momentos do livro, como a linguagem e a narrativa ajudaram a moldar nosso imaginário. Um dos temas abordados por Harari é a Teoria da Fofoca.

Considero *Sapiens* um dos melhores livros que li neste século, e está longe de ser apenas por conta dessa teoria inusitada. É um trabalho brilhante sobre a saga dos seres humanos em sua conquista do planeta, principalmente nos últimos setenta mil anos, desde que começamos a nos diferenciar cada vez mais de outras espécies que habitavam a Terra. 'Na esteira da Revolução Cognitiva, a fofoca ajudou o *Homo sapiens* a formar bandos maiores e mais estáveis. Mas até mesmo a fofoca tem seus limites. A pesquisa sociológica mostra que o tamanho máximo 'natural' de um grupo ligado pela fofoca é de cerca de 150 indivíduos. A maioria das pessoas não consegue conhecer intimamente mais de 150 seres humanos e tecer comentários fundamentados sobre eles', analisa Harari num trecho do livro. Não que o microinfluenciador atual seja um fofoqueiro contumaz, nem que seu raio de ação fique restrito a 150 pessoas. Mas a lógica por trás da distribuição de conhecimento é muito parecida. A diferença é que as redes sociais criaram um verdadeiro emaranhado de conexões, e isso torna possível essas 150 pessoas se multiplicarem de maneira exponencial. A fofoca, em si, é quase uma metáfora da época para explicar que os seres humanos de setenta mil anos atrás construíam suas próprias histórias para navegar pelo mundo da ficção, da imaginação. O *Homo sapiens* era (e é até hoje) o único animal capaz de fazer isso. A curadoria de conteúdo, ao longo do tempo, passou a diferenciar a fofoca da informação. Mas ela, a fofoca, sempre foi companheira dos cidadãos deste planeta".

Hoje todo mundo pode escrever o que quer, falar o que quiser, ouvir o que quiser. Não era diferente no passado. O que muda é que, assim como a fofoca, isso pode ganhar um alcance exponencial. Pode ser de e para qualquer parte do mundo, para qualquer grupo de pessoas. E isso afeta a conexão genuína, porque, na hora em que todo mundo fala com todo mundo, ninguém fala com um só. Funciona muito bem quando se tem um bom posicionamento de imagem, de marca. Funciona para influencers. Mas não gera necessariamente amizades. Com essa necessidade de atingir todo mundo, perde-se a relação um a um. Com isso, ficamos sem um elemento essencial para a conexão: atenção, que é artigo de luxo hoje em dia. Ficamos sem a capacidade de nos concentrar a ponto de nos conectar de verdade. Como efeito rebote, o excesso de informação à disposição em tantas mídias faz com que fiquemos angustiados, com a sensação constante de estar perdendo alguma coisa. Sofremos do que os estudiosos chamam de FOMO, sigla para a expressão em inglês para *"fear of missing out"*. Ou seja, medo de estar perdendo alguma coisa. A nova série, a nova postagem, o novo tweet, a nova notícia... Em vez de nos concentrarmos em algo, ficamos mais dispersos, zapeando pessoas e relacionamentos, sem nos aprofundarmos em nada. Assim cria-se um círculo vicioso de relações pouco profundas e sem consistência para sobreviver ao tempo, à distância ou às mudanças que a vida traz.

FICAMOS SEM UM ELEMENTO ESSENCIAL PARA A CONEXÃO: ATENÇÃO, QUE É ARTIGO DE LUXO HOJE EM DIA

NÃO FAÇA NETWORKING | Marcus Vinicius Freire

Capítulo 4

O MEDO DE SE EXPOR

Caraíva, no sul da Bahia, é um lugar paradisíaco e abrange uma reserva indígena pataxó. Numa viagem para essa praia com a Claudia, aconteceu um encontro improvável. Em um fim de tarde, quando estávamos retornando de uma praia mais distante, um indígena que caminhava pela estrada de terra nos pediu carona. Ofereci a garupa do buggy para ele conseguir chegar ao centrinho. O que aconteceu no caminho? Nosso carro quebrou. Em um lugar e um horário bem complicados para achar um mecânico. Descobrimos, então, que, para nossa sorte, o indígena era ninguém menos do que o melhor mecânico da cidade. Ele arrumou nosso carro, e fomos embora. Para agradecer, dei meu boné do Time Brasil novinho para ele, de presente. Ele tirou a pulseira que estava usando e me entregou. "Vou te dar meu amuleto, aqui você tem a proteção do índio", me disse, selando ali uma conexão. A pulseira está até hoje comigo, como uma lembrança, mas também como uma tutela indígena.

Toda vez que você se abre, você se expande, cresce, enriquece, pois age com base em amorosidade e compaixão. Em contrapartida, quando a gente se fecha para uma conexão pelo simples fato de não querer se expor, nega para si um mundo de infinitas possibilidades que podem surgir e ser maravilhosas. Não sou ingênuo de achar que só existem encontros verdadeiros e que todas as pessoas estão dispostas a dar seu melhor num relacionamento. Sei bem que existe muita gente que prefere estabelecer conexões de olho nos benefícios. Essas relações costumam acontecer assim: enquanto há interesses em comum, continuam a ser alimentadas. A partir do momento em que uma das partes não tem mais nada a oferecer para a outra, o contato vai rareando, e o que resta é apenas uma conexão que pode ser o número de telefone salvo na agenda do celular ou na agenda de papel, uma conexão no LinkedIn... O que se sabe é que, se essa relação só era pautada em interesse, ninguém mais vai falar com ninguém. É também fácil farejar quando uma pessoa está por perto simplesmente por interesse. Difícil, em algumas situações, é despistá-la. Por mais que aconteça um momento de encontro, seja um jantar, seja um happy hour, o negócio não vai para a frente. Não dá liga. E ponto-final.

Muitas vezes, no entanto, uma pessoa perde a oportunidade da conexão – e até de ser ajudada – porque se fecha em seu mundo, com o intuito de não se expor, para não se sentir incomodada. Quem se fecha dá poucas chances para a vida e as conexões acontecerem. Nem falo de dar carona para um desconhecido. Vou bem menos longe. Quantas vezes você teve o ímpeto de ligar para alguém ou mandar uma mensagem, fosse para elogiar, fosse para dar uma ideia, fosse para bater papo, e aí pensou: deixa para lá, não vou incomodar, não vou falar, não vou me expor, de repente eu falo e ele me deixa no vácuo... Ou ouviu alguém dizer "Ah, você não vai ser assim cara de pau" ou "O que eu tenho a ver com isso?". Quando se trata de medo de exposição e vulnerabilidade, impossível não citar a autora best-seller Brené Brown. Ela explica que associamos vulnerabilidade a emoções que queremos evitar, como medo, vergonha e incerteza. Essas emoções surgem do fato de acreditarmos que nunca somos bons o bastante. Vivemos no que ela chama de escassez. No livro *A coragem de ser imperfeito*, Brown propõe uma reflexão sobre quantos contextos acabam tornando as pessoas envergonhadas por serem quem são, mergulhadas na síndrome da comparação e desmotivadas:

"A escassez não se instala numa cultura da noite para o dia. O sentimento de falta e privação floresce em sociedades com tendência à vergonha e à humilhação e que estejam profundamente enraizadas na

QUEM SE FECHA DÁ POUCAS CHANCES PARA A VIDA E AS CONEXÕES ACONTECEREM

NÃO FAÇA NETWORKING | Marcus Vinicius Freire

comparação e despedaçadas pela desmotivação. (...) O mundo nunca esteve numa situação tranquila, mas a década passada foi tão traumática para um grande número de pessoas que isso chegou a causar mudanças em nossa sociedade. (...) A preocupação com a escassez é a versão da nossa cultura para o estresse pós-traumático. Ela surge depois que estivemos no limite por muito tempo, e, em vez de nos unirmos para resolver o problema (o que requer vulnerabilidade), ficamos zangados e assustados. (...)

Um modo de pensar sobre os três componentes da fórmula da escassez e a maneira como eles influenciam a sociedade é refletir sobre as questões a seguir. Enquanto estiver lendo as perguntas, tenha em mente todos os ambientes ou sistemas sociais dos quais você faz parte (...)

1. **Vergonha:** o medo do ridículo e a depreciação são usados para controlar as pessoas e mantê-las na linha? Apontar culpados é uma prática comum? O valor de alguém está ligado ao sucesso, à produtividade ou à obediência? Humilhações e linguagem abusiva são frequentes? E quanto ao favoritismo? O perfeccionismo é uma realidade?

2. **Comparação:** a competição saudável pode ser benéfica, mas há comparação e disputa o tempo todo velada ou abertamente? A criatividade tem sido sufocada? As pessoas são confinadas a padrões estreitos em vez de serem valorizadas por suas contribuições e talentos específicos? Há um modo ideal de ser ou um tipo de habilidade usado como medida de valor para todos?

3. **Desmotivação:** as pessoas estão com medo de correr riscos ou tentar coisas novas? É mais fácil ficar quieto do que compartilhar ideias, histórias e experiências? A impressão gerada é de que ninguém está realmente prestando atenção ou escutando? Todos estão se esforçando para serem vistos e ouvidos?

Quando vejo essas perguntas e penso sobre a nossa macrossociedade, a mídia e o panorama social, econômico e político, minhas respostas são, sim, sim e sim!"

As perguntas que Brown faz são nada mais do que um retrato do ambiente social em que vivemos, que tem se tornado um coquetel maléfico para as relações, porque faz com que a gente perca a disposição de se aproximar do outro por medo de expor ainda mais essas feridas. Dessa forma, nos isolando das pessoas, vamos praticando o individualismo para garantir a satisfação dos nossos sonhos sem contar com a ajuda de ninguém.

Quando você se fecha, perde de vista o fato de que o estado de vulnerabilidade também é benéfico, pois é a partir dele que nascem a alegria, o pertencimento, a identificação, a criatividade, a autenticidade e o amor. Para viver tudo isso, é preciso correr riscos. Pessoas que não querem se expor ao risco de serem rejeitadas também não dão chance para a sorte de receberem uma resposta positiva: "Sim, quero me casar com você"; "Convite aceito, vamos jantar na sua casa"; "Claro, vamos bater um papo sobre o seu projeto"; "Te espero na rede de vôlei no sábado". É na vulnerabilidade que nascem também as relações verdadeiras. Ficar fechado em seu mundo não vai trazer para você felicidade, nem oportunidades. Pior: deixará o caminho não apenas mais solitário, como também mais árduo. Isso porque somos seres sociais, que precisam se relacionar, como diz Daniel Goleman no livro *Inteligência social: a ciência revolucionária das relações humanas*: "(...) fomos programados para nos conectar. A neurociência descobriu que o próprio desenho do cérebro o torna sociável, inexoravelmente atraído a uma íntima conexão cérebro a cérebro sempre que interagimos com alguém. Essa ponte neural nos permite afetar o cérebro – e, portanto, o corpo – de todas as pessoas com as quais interagimos, exatamente como elas fazem conosco.

Mesmo nossas interações mais rotineiras atuam como reguladores no cérebro, preparando nossas emoções, algumas desejáveis, outras não. Quanto maior a nossa ligação emocional com alguém, maior é a força mútua. Nossas trocas mais potentes ocorrem com as pessoas com quem passamos mais tempo no dia a dia, ano após ano – sobretudo com as quais mais nos importamos."

Pense em seus melhores amigos e nas pessoas de quem você gosta. Certamente, eles não são perfeitos. Mesmo assim você tem um carinho por eles, faria de tudo para ajudá-los. Se eles existem, é porque você já sabe intuitivamente o caminho e já criou conexões genuínas. Você sabe que é da troca entre pessoas sem máscaras e imperfeitas que nascem as relações que fazem a diferença em nossa vida. Portanto, precisamos desafiar a tendência do comportamento atual que nos leva a nos fecharmos para o mundo. Quero ajudá-lo a se lembrar do caminho e colocar essa habilidade natural do ser humano em prática novamente.

É DA TROCA
ENTRE PESSOAS
SEM MÁSCARAS
E IMPERFEITAS
QUE NASCEM AS
RELAÇÕES QUE
FAZEM A DIFERENÇA
EM NOSSA VIDA

NÃO FAÇA NETWORKING | Marcus Vinicius Freire

Capítulo 5

ENTREGUE-SE À MAGIA DO ENCONTRO

Quando minha esposa, Claudia, e eu fizemos quarenta anos, resolvemos organizar uma festa para os amigos no antigo Rock in Rio Café que havia no Barra Shopping, no Rio de Janeiro. No convite, colocamos: Festa de oitenta anos. A lógica: quarenta anos da Claudia + quarenta anos meus... igual a oitenta! Decidimos que precisávamos chamar alguém para cantar. Nosso filho Lucca, que na época tinha oito anos, adorava a música "Girassol", do Toni Garrido. Então, a primeira ideia foi chamar o Cidade Negra para cantar. "O Toni é amigo de uma amiga minha", a Claudia falou. Não tive dúvidas: "Pede o telefone, que é comigo mesmo. Vou tentar falar com ele". Acabamos fechando um pocket show com o Toni e mais dois caras tocando violão. Ficou combinado que ele cantaria umas seis músicas, e estava feito.

No dia da festa, fui à tarde ao local do evento. Levei o Lucca para ver o Toni passando o som. Pensei que era melhor garantir, porque na hora do show na festa era provável que o artista entrasse correndo, saísse com pressa e não tivesse a oportunidade. Eu me apresentei, e ele ficou me olhando como se já me conhecesse de algum lugar. "Você é o Marcus Vinicius?", me perguntou. Disse que sim, e ele explicou que estava ali porque iria cantar numa festa de oitenta anos. "É teu parente?", me perguntou o Toni. Expliquei que a festa era minha e da Claudia. Toni me disse que se lembrava de mim da seleção de vôlei e me perguntou se eu poderia arrumar uma camisa da seleção brasileira de vôlei para ele abrir o show. Claro que sim!

À noite, na festa, toda a Geração de Prata e muitas outras estrelas do esporte nacional estavam na primeira fila para assistir ao show, entre eles Bernardinho, Bernard, Bebeto, Renan... Toni chega e diz: "Fui contratado para cantar nesta festa pensando que seria uma festa de um senhor de oitenta anos e depois descobri que era para esse casal maravilhoso. E vou confessar uma coisa para vocês. O meu sonho de infância não era ser cantor. Era ser jogador de vôlei, como vocês. O que o Marcus está me pagando, eu pagaria para poder cantar para vocês, meus ídolos". Eu me arrepio só de lembrar desse encontro, que virou uma grande amizade. Um ajuda o outro no que precisa nestes últimos vinte anos.

Essa amizade é um daqueles relacionamentos que todo mundo constrói – ou construiu – de forma espontânea ao longo da vida. Pode ter sido na infância, na escola, a turma do clube, o pessoal da praia, os amigos que algum esporte lhe deu, os colegas da faculdade... Quantas relações genuínas saem desses lugares! Para mim, elas acontecem em momentos em que estamos desarmados, na nossa versão mais autêntica. Pense naquelas pessoas com quem a conexão fluiu fácil, porque rolou empatia. Não houve uma intenção por trás. Aliás, houve intenção, a de estar junto, trocar, se divertir, se ajudar, levar o time a vencer... O que deu liga foi gostar mesmo daquelas pessoas e de estar perto delas. E o mais bacana é que, não importa quanto tempo você fique sem encontrar essas pessoas, elas sabem quem você é realmente e guardam um carinho especial.

Essas relações são genuínas porque têm reciprocidade, conhecimento profundo do outro (além das aparências), vontade de estar junto e se fazer presente, e ajuda mútua. Quando você estabelece uma relação de alta qualidade assim, pode apostar que ela será de longa duração e deixará portas abertas. Você conhece muito bem uma pessoa com quem conviveu todos os dias no esporte, na escola... Claro que ela mudou, você mudou... Mas vocês têm milhões de histórias e situações que viveram juntos. Não porque houve a intenção de criar isso, mas porque foi a consequência natural da convivência com disponibilidade.

Algum tempo atrás, a gente juntou, no clube Monte Líbano, no Rio de Janeiro, uns trinta caras das gerações do voleibol desde Munique 1972 até a minha, de 1984. Várias gerações – noventa por cento deles não foram jogadores profissionais. Tinha gente da turma antiga, da época em que não tinha nem vôlei transmitido na televisão, mas são caras a cujas histórias a gente continua trazendo luz. Uma turma que era meio profissional, meio amadora... um era engenheiro, outro trabalhava em banco. Resgatamos histórias. Ali, naquele grupo, vejo bem esse exemplo de porta aberta. Porque todo mundo sabe quem eu sou, e isso é recíproco. A reputação foi construída lá atrás. O esporte é um meio que propicia muito essa relação de respeito e de time. Se eu pudesse dar um conselho para pais, diria para colocar os filhos em esporte, não só com foco na atividade física ou no entretenimento, mas também para ter esse convívio esportivo que leva para o futuro amigos e relacionamentos.

Lá na frente, um vai ser arquiteto e vai projetar sua casa, outro vai ser médico e vai salvar a vida do arquiteto, um vai ser do esporte e convidar para um jogo... O grupo que um dia foi homogêneo vai virar heterogêneo, mas a ponte vai continuar existindo. Essa vai ser a base. Porque, se você olhar quais são seus amigos, suas amigas que não são do seu negócio próximo, normalmente são da escola ou do time, ou do grupo de escoteiro ou da universidade. Mesmo na universidade de Engenharia, de Economia, uma pessoa pode abrir uma empresa de calçado e a outra pode se tornar presidente do Banco Central. E as duas podem se encontrar no futuro e ter portas abertas.

Tudo isso que falei pode levá-lo para algum ponto de nostalgia. Ou, se você é das novas gerações, talvez se identifique com o que está vivendo agora. Talvez não tenha a dimensão de como essas relações verdadeira valem ouro. Elas valem. E não podemos perder a chance de constru isso que considero o grande barato da vida. Criar uma rede de relações e também construir pontes a partir delas. Ou seja, cultivar sua turma e depois conectar as pessoas. Tudo isso para fomentar trocas, ajuda, parcerias, negócios. Acredito que ser um ponto focal no mundo por onde as relações podem ser construídas é muito mais do que se ajudar. É ajudar todo mundo. E a chave está justamente na humanização do networking.

Você precisa mudar a forma como vê a conexão, o networking. Ajude para ser ajudado. Ofereça a mão primeiro desinteressadamente. Deixe caminhos abertos, abra pontes, e as pessoas as atravessarão até você. Rompa com a ideia de ter um interesse por trás e simplesmente direcione sua ação para ajudar as pessoas. Olhe as pessoas, e não o cargo. Deixe de ser uma ilha construindo pontes entre você e as pessoas e depois entre as pessoas que você conhece. Comece a tecer a sua rede de uma forma não premeditada. Quando você começar a fazer isso naturalmente, sua rede vai ampliar-se em progressão geométrica. E a sua vida vai fluir tanto pessoal quanto profissionalmente.

Todos sabemos o valor de um abraço, de um beijo, de uma boa conversa e de risadas ao vivo, em cores e em alto e bom som. Cito aqui novamente Gabriel Chalita, escritor com a impressionante marca de ter escrito quase cem livros antes de completar cinquenta anos. Todo domingo ele me envia um artigo que escreve para um jornal, e ali tenho sempre a oportunidade de aumentar o meu vocabulário pesquisando palavras que ele usa e cujo significado eu não sei: "Muitos amigos? Não, não há necessidade nem tempo para, de todos eles, cuidar. É melhor que saibamos escolher, compreender. Sentemos, pois, à mesa sincera em que as palavras nascem do não planeja- apenas do esperado, para fazer amar. Amizade é a forma leve de Prosa boa é a que poetiza os nossos dias. E nos deixa com um

VOCÊ PRECISA MUDAR A FORMA COMO VÊ A CONEXÃO, O NETWORKING. AJUDE PARA SER AJUDADO

NÃO FAÇA NETWORKING | Marcus Vinicius Freire

gosto de querência por outros amanheceres". Para que uma conexão verdadeira se estabeleça, é preciso que duas pessoas estejam presentes no aqui e agora e dediquem tempo para a relação. Porque são elas que realmente nos fazem felizes na vida. Essa é uma das conclusões a que chegou o grupo de pesquisadores da Universidade de Harvard, nos Estados Unidos, no Estudo sobre o Desenvolvimento Adulto (*Study of Adult Development*, no original em inglês). A pesquisa, que começou em 1938, analisando setecentos rapazes – entre estudantes da renomada universidade e moradores de bairros pobres de Boston –, acompanhou esses jovens durante toda a vida, monitorando seus estados mental, físico e emocional. A investigação continua até hoje – agora com mais de mil homens e mulheres, filhos dos participantes originais. O atual diretor do estudo, o quarto desde o início, é o psiquiatra americano Robert Waldinger, que também é um sacerdote zen. Sua palestra no TED *O que torna uma vida boa? Lições do estudo mais longo sobre a felicidade* viralizou na internet.

"Há muitas conclusões deste estudo", disse Waldinger à BBC. "Mas o fundamental, que ouvimos uma vez ou outra, é que o importante para nos mantermos felizes e saudáveis ao longo da vida é a qualidade dos nossos relacionamentos. O que descobrimos é que, no caso das pessoas mais satisfeitas em seus relacionamentos, mais conectadas ao outro, seu corpo e cérebro permanecem saudáveis por mais tempo", afirma o acadêmico americano. E o que você ganha se começar a fazer isso hoje? Ganha não necessariamente um dado, um contato, um telefone, mas sim possibilidades aumentadas de fazer o bem e receber o bem de volta. Todo dia você faz alguma coisa para construir a sua realidade, causando efeitos que nem imagina. A história do meu amigo professor de dança e bailarino Reinaldo Lima é um bom exemplo de como essa dinâmica acontece. Quando começou a dançar em sua terra, Manaus, ele e a irmã queriam fazer um estilo de dança único. Então, foram autodidatas e criaram um estilo deles. Na região Norte do Brasil, existem muitas festas tradicionais, como Festa da Castanha, Festa do Guaraná, Festa do Leite, Festa do Cupuaçu, Festa da Banana, Festa do Tucunaré... Cada cidadezinha do interior faz suas comemorações em determinada época do ano. Nessas festas tradicionais, as pessoas pagam para entrar, e os artistas que fazem as danças folclóricas recebem para participar. Quando os contratantes não podem investir muito na festa, contratam só dois casais de bailarinos. Sempre que Reinaldo e a irmã participavam desses eventos, escolhiam mais um casal para dançar com eles. Havia um rapaz que era muito dedicado, mas, segundo Reinaldo conta, "o povo não dava muita moral para ele". Ele era meio que descartado. Reinaldo resolveu ajudá-lo e passou a chamá-lo para compor o outro casal. Ficou tão bonita a estética que os dois casais desenvolveram que os irmãos começaram a dar bastante espaço para esse moço e se ofereceram também para treiná-lo, ensaiar com ele. Até que ele se desenvolveu, cresceu na dança, ficou independente e não precisou mais de ajuda. Missão cumprida. Depois de três anos dançando em Manaus, chegou a hora de os irmãos darem um passo decisivo na carreira: sair da capital amazonense com a intenção de ganhar o mundo. Essa era a época em que a lambada tinha estourado, e eles sonhavam em dançar com as bandas que faziam esse som. Reinaldo acordava com a voz de uma cantora no rádio e se imaginava no palco com ela e outros artistas de projeção nacional. "Ou a gente acredita no nosso potencial, vai embora daqui e tenta a sorte num grande centro cultural, ou a gente vai ter que parar de dançar e buscar uma vidinha dessa comum como todo mundo tem, de casar, ter filho, arranjar um trabalho, envelhecer, ter netos. E isso eu não quero para mim", disse para a irmã. Ela concordou, pois também queria ganhar o mundo. Decidiram, então, que o primeiro destino seria Belém. Arquitetando esse projeto de ir embora com pouquíssimo dinheiro no bolso, trataram de fazer contatos na esperança de conseguir alguma conexão que lhes desse um suporte para chegar a Belém e ter um lugar para ficar, um apoio, uma direção, um conselho, uma proteção. A primeira opção era ficar na casa da avó por parte de mãe, que, diga-se de passagem, eles não conheciam pessoalmente. Com os contatos que fizeram, acabaram conseguindo mais opções. "Qualquer coisa, você vai para a minha casa", diziam. Isso foi deixando a dupla animada. Até que chegou o dia da viagem. E justo nesse dia, quando Reinaldo estava no supermercado fazendo compras para levar no navio que sairia do porto de Manaus, encontrou o rapaz que haviam ajudado. Ele nem sabia que iam viajar. Reinaldo contou que estavam indo embora, com o maior medo de dar tudo errado, pediu para torcer por eles e tal. Então, o rapaz disse: "Sério? Poxa, deixa eu contar para você. Nesse meio-tempo, eu servi na Marinha e fui para Belém. Fiquei morando lá. Conheci uma família, vou te passar o contato deles. Se der algum problema, você pode dizer que eu mandei vocês lá, e vocês serão muito bem recebidos". No trajeto de navio, o dinheiro dos irmãos sumiu; em algum momento eles foram roubados. Chegaram a Belém arrasados, sem grana alguma – só com uns trocos que sobraram no bolso e com os papéis com os endereços anotados. Andaram o dia inteiro pela cidade atrás das casas que indicaram para eles encontrarem ajuda. Nenhum dos possíveis deu certo. A avó, primeira opção, se mudou sem avisar. Também não rolou o segundo, nem o terceiro, o quarto... Já estavam quase sem esperanças, quando tentaram o último endereço, aquele que o rapaz havia dado no supermercado. A senhora e seu filho os receberam, deram um quarto para eles e, mais que isso, todo o apoio para começarem. A dupla passou um mês e meio na casa deles até conseguir levantar um dinheiro e se virar sozinha. Foi assim que conseguiram dar o *start* em seu sonho. A partir daí, se conectaram com o bailarino e professor de dança mais famoso do Brasil, Carlinhos de Jesus, viajaram para o Rio de Janeiro, entraram para uma companhia de dança. Reinaldo virou professor na universidade... e aí é outra história. Mas graças à conexão com esse rapaz, que começou sem interesse nenhum, apenas motivada pela vontade de ajudar uma pessoa, receberam tanto em troca. Lá na frente, foi o rapaz a peça mais importante, a chave da virada profissional para os dois irmãos. Se não fosse aquele rapaz, nada teria acontecido. Reinaldo conta que essa foi a parte mais brilhante, mais emocionante de sua história.

Para se entregar à magia do encontro, você precisa tomar algumas providências emocionais. A primeira é se desconectar dessa coisa de curto e médio prazo e passar a fazer as coisas como um estilo de vida, sem esperar nada em troca. Porque não se trata aqui de ter retorno imediato. E quando você tira o foco dessa expectativa e coloca no prazer de se relacionar, muda tudo. Muda a energia envolvida. Procure experimentar neutralizar a ansiedade por resultados e retornos tentando ficar mais inteiro no momento presente, vivenciando cada instante das relações que acontecem aqui e agora. Tudo está conectado e tem volta. É a ideia do efeito borboleta – um simples bater de asas no Brasil pode causar um tornado no Texas... Como já escrevi uma vez na orelha do meu livro *Resolva!*, "acredito que a energia do mundo é cíclica". Quero que você também experimente isso na sua vida, o tempo todo.

DESCONECTE-SE DESSA COISA DE CURTO E MÉDIO PRAZO E FAÇA AS COISAS COMO UM ESTILO DE VIDA, SEM ESPERAR NADA EM TROCA

NÃO FAÇA NETWORKING | Marcus Vinicius Freire

SEIS ATITUDES PARA SE ENTREGAR À MAGIA DO ENCONTRO

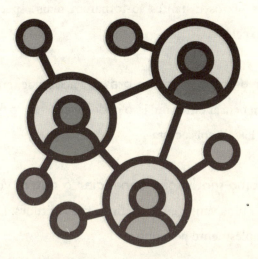

1. **Praticar esportes.** Ou outra atividade que propicie relações genuínas com troca, senso de grupo, de colaboração. Vivências que nos permitem mostrar quem realmente somos na essência criam vínculos para uma vida toda. Vale incentivar os filhos a criarem essas conexões também.

2. **Manter contato.** Hoje é fácil não perder o contato, com tantas ferramentas da tecnologia disponíveis.

3. **Não olhar o cargo.** Medir a importância das pessoas pela cadeira que elas ocupam torna os encontros frios e falsos. Olhe o ser humano.

4. **Curtir o momento.** Não há nada mais gostoso do que uma conversa sem hora para acabar. Estar presente com todos os cinco sentidos nos momentos em que temos a oportunidade de estar com as pessoas faz os instantes se tornarem mais especiais. Sem ficar olhando o celular.

5. **Não agir de olho no curto prazo.** Faça o que tem de fazer hoje, agora, sem pensar em como isso pode reverberar no futuro. Pense na máxima "Faça a coisa certa".

6. **Tenha como motivação beneficiar o outro.** Você não precisa sempre ter uma vantagem a partir de suas atitudes. Liberte-se disso e faça simplesmente pelo outro.

Capítulo 6

ESTEJA SEMPRE PRONTO PARA SERVIR

Tenho 1,95 metro e dois joelhos operados, em função dos dezesseis anos de vôlei. Portanto, passar horas dentro de um avião, ainda que poucas, pode ser bem desconfortável para mim. Por isso, procuro reservar sempre um assento na primeira fila. Assim, minha perna se mantém esticada durante o voo, e fico mais bem acomodado. Depois que me sento, no entanto, zero chance de eu ficar ali lendo o meu livro, alheio ao que está acontecendo. Cuidar do meu bem-estar não me leva para a zona de conforto. Fico de sentinela, observando o movimento, se alguém precisa de ajuda para guardar mala ou achar o seu assento no voo, por exemplo. Talvez seja um hábito que adquiri de tanto acompanhar delegações brasileiras em Jogos Olímpicos.

Outro dia, em uma viagem de turismo com a Claudia, estava embarcando conosco um homem de cadeira de rodas. O cara era grande e devia pesar uns oitenta quilos. Vi que a comissária de bordo não conseguiria, sozinha, ajudá-lo a sentar. Nem deu tempo de a aeromoça pensar em chamar alguém para dar assistência. Pedi permissão ao homem, peguei-o no colo e o acomodei na cadeira, por coincidência do meu lado. Algumas pessoas primeiro pensam para depois ajudar. Eu ajudo primeiro, sem pensar. É mais forte do que eu. Há quem pense que ter uma atitude como essa é intromissão, meter-se onde não é chamado... Não vejo assim. O efeito colateral da atenção plena para ajudar, na grande maioria das vezes, é uma conexão. Nos minutos seguintes, descobri, primeiro pela camisa dele e depois porque puxei assunto, que ele estava indo fazer um teste para a equipe paralímpica de levantamento de pesos. Esporte, minha praia. E que era do interior do Rio Grande do Sul, minha terra. Como brinco, são necessários apenas cinco minutos para ter mais um novo "melhor amigo de infância", e esse efeito positivo aconteceu mais uma vez.

Não vou dizer que em cem por cento das vezes minha disposição para ajudar seja uma sucessão de acertos. Lembro-me do dia em que presenciei um acidente bem em frente a minha casa. Estava chovendo, e um motoqueiro bateu num carro, caiu da moto e foi levado ao pronto-socorro. A moto dele ficou ali, estatelada no meio da rua. Na mesma hora, peguei a moto e empurrei para dentro do estacionamento do meu condomínio. Sem pensar nos riscos de "assumir" um bem que não sabia de quem era. O normal seria eu pensar: vou ajudar o outro, só que vou arrumar problema para mim. Mesmo assim, assumo a responsabilidade. Depois de três dias, vieram buscar. Então fiquei sabendo que a moto não era do motoqueiro acidentado, e que ele nem tinha documentação. Para mim, a coisa certa naquele momento era colocar a moto em segurança e depois resolver o novo problema com o síndico, o condomínio ou a polícia. Pode ser que alguém diga: "Você escondeu uma moto roubada". Mesmo assim, prefiro correr o risco de servir. Só árvore que dá fruto leva pedrada. Essa disponibilidade de viver o momento presente e de ser útil é empatia na prática.

O termo "atenção plena" é usado para designar um tipo de prática moderna de meditação em que se coloca o foco na respiração e, dessa forma, se permite estar consciente e observar o que está acontecendo no momento presente. Vejo que estar inteiro e focado no que acontece aqui e agora é o que nos deixa mais propensos e proativos para ajudar. Se estivermos sempre imersos em pensamentos, preocupações e listas de afazeres – essa é a realidade para a maioria das pessoas –, dificilmente teremos disponibilidade para ajudar. A pressa e a sensação de que parar para resolver o problema do outro é perda de tempo são os maiores inimigos dessa atenção plena para ajudar. Em geral,

ESTAR INTEIRO E FOCADO NO QUE ACONTECE AQUI E AGORA É O QUE NOS DEIXA MAIS PROPENSOS E PROATIVOS PARA AJUDAR

NÃO FAÇA NETWORKING | Marcus Vinicius Freire

vivemos focados em objetivos individuais, naquilo que precisamos resolver em nosso universo particular. Isso nos deixa fechados e pouco dispostos para realmente observar e tomar uma atitude em prol do outro sem receber nada em troca. Às vezes, até vem o ímpeto de ajudar. Mas então bate a dúvida: será que vou incomodar? Em seguida: não tenho nada a ver com isso, vou focar no meu celular aqui, e cada um que se vire com seus problemas. Talvez seja interessante romper com isso e sair da sua bolha. Como fez também a bordo minha amiga Teca, CEO da Make-a-Wish Brasil, ONG mundial que realiza sonhos de crianças com doenças graves. Uma mãe sozinha viajava com uma criança com autismo que, após duas horas de voo, entrou em crise e gritava sem parar. As pessoas no avião pareciam nitidamente incomodadas. Para piorar a situação, era um voo noturno, e a tripulação não se mostrou nada acolhedora. Em vez disso, ficava cercando e reprimindo a mãe e a criança. A mãe estava com a menina, que pesava quase vinte quilos, no colo fazia duas horas! Cansada, dolorida, tensa... Em determinado momento, Teca se levantou de seu assento, decidida a ajudar. Para sua surpresa, a mãe ficou até emocionada de tão grata. Teca, então, contou que tinha um filho da idade da filha dela. Também puxou papo com a criança, de forma calma, contando o que seu filho gostava de fazer. A menina foi ouvindo desconfiada, mas interessada, e dormiu. A mãe pôde, enfim, relaxar e fazer o resto da viagem tranquila.

Qualquer um pode exercitar sair do próprio umbigo em seu dia a dia e deixar fluir uma atitude de colaboração que pode ser genuína e natural. A solidariedade e o ajudar o próximo não são apenas para a irmã Dulce ou o papa Francisco. São maneiras de se integrar no mundo e ser a cada instante mais presente na vida das pessoas. Minha sugestão é você fazer uma experiência e cometer essa rebeldia de agir na contramão da maioria. Para se relacionar, é fundamental olhar para as pessoas e ter atenção plena para servir.

Fazer a coisa certa desinteressadamente é colocar sua energia em benefício do mundo. Antes da pandemia, acho que em 2018, fui fazer uma palestra para a equipe da construtora MRV em Belo Horizonte, e, no espaço do evento, existia uma área de lanche com café e outros itens de alimentação que estavam sendo vendidos, com o preço do lado. Não havia ninguém ali para receber o dinheiro das vendas. Apenas uma caixinha com duas frases: "Você nunca está errado fazendo a coisa certa" e "Não é porque os outros não fazem o certo que você vai fazer como eles". Em algumas vezes, somos os agentes. Em outras, somos quem é beneficiado com essa ação. Nesses momentos, fica mais fácil ver o efeito positivo dessa atitude.

Aconteceu comigo mais de uma vez. E certamente você também já viveu experiências em que alguém lhe fez algo desinteressadamente. Conto aqui duas passagens. A primeira delas foi treinando na academia Bodytech da Barra da Tijuca, no Rio. Fui ajudar a Claudia a fazer um exercício e não percebi que enrosquei minha perna no aparelho. O aparelho de agachamento veio ralando minha canela de cabo a rabo. Não parava de sangrar, tenho uma cicatriz até hoje para confirmar essa história. Minha mulher correu ao vestiário feminino. E voltou com uma senhora simples, bem pequenininha, com cara de vovó, supersimpática e exalando afeto naquele momento tenso, que me atendeu como se fosse uma enfermeira. Ela cuidava dos pertences das alunas da academia que deixam suas mochilas e roupas no vestiário, mas veio com a caixa de primeiros socorros e gelo, desinfectou a área e fez um curativo com todo o carinho do mundo. Agradeci à dona Rosa, que não era funcionária do ambulatório da academia. Em princípio, ela poderia pensar que não deveria "se meter onde não foi chamada". Mas dona Rosa também é dessas pessoas prontas para ajudar o outro. E a resposta dela à minha gratidão foi de "lacrar" o assunto: "Vivo para servir, senão, não sirvo para viver!".

Servir e estar à disposição andam juntos. Um é primo do outro. Assim como a dona Rosa, você pode ousar e assumir papéis além do que esperam que você faça – ou do cargo que ocupa – para servir as pessoas, mudando o script, saindo da sua rotina programada que você acha que não pode ser interrompida por uma necessidade do outro, a não ser que seja caso de vida ou morte.

Essas atitudes são bem-vindas de pessoas com quem temos pouca intimidade e também quando vêm de amigos. Afinal, é nas horas em que a gente mais precisa que bons amigos fazem questão de estar presentes e fazer a diferença. Outra situação em que senti, na verdade, sentimos – eu, Claudia e Lucca – esse cuidado foi numa fatalidade com o cachorrinho que tínhamos, o Ozzy, que estava com nove meses de idade. Ele andava sem guia porque era um cachorro muito maduro, apesar de ser ainda filhote (donos de cachorros entenderão!). Ele sempre passeava sem guia. Um dia o portão da rua estava aberto, veio um carro bem na curva, e o cachorrinho não viu. Ele foi atropelado. Perder o Ozzy foi uma situação muito difícil para a família inteira, muito triste. Então, Claudia e eu conversamos e resolvemos que seria bom ter outro bichinho para trazer um pouco mais de alegria para a casa.

Entra em cena outra amiga antiga, a jornalista Deborah Ribeiro, a primeira pessoa para quem pensei em ligar e pedir ajuda. E ela conta aqui o desfecho dessa história:

É NAS HORAS EM QUE A GENTE MAIS PRECISA QUE BONS AMIGOS FAZEM QUESTÃO DE ESTAR PRESENTES E FAZER A DIFERENÇA

NÃO FAÇA NETWORKING | Marcus Vinicius Freire

"De todos os momentos históricos que vivemos juntos, tanto no esporte quanto na vida, um me captura com a doce lembrança do dia em que pude realmente fazer diferença na vida não apenas dele, mas também de toda a querida família MV. Eu me lembro que estava em São Paulo, quando meu celular tocou. Era ele, voz embargada, preocupado, sentido, incrédulo, como quem procura uma solução, uma luz no fim do túnel. O cachorrinho da família havia sido atropelado, e todos estavam muito tristes com o ocorrido. Marcão sempre soube da minha paixão por animais e me ligou para desabafar. Eu sabia que aquele era o meu momento de ajudar o meu amigo, e o destino também sabia disso. Foi assim que trouxe de São Paulo, dentro do meu carro, o Bud, um buldogue francês que durante anos fez a felicidade não apenas da família, mas também a minha, pelo simples fato de ver todos felizes, inclusive o cão, que virou meu afilhado.

Felicidade realmente não tem preço, tem valor, e poder fazer alguém feliz é enriquecedor. Hoje o Bud reside na nossa lembrança como uma das várias pontes que construímos durante os mais de vinte anos de amizade, e olha que nossos caminhos não são mais os mesmos. Da mesma maneira que ele trilhou outros caminhos profissionais, também deixei o jornalismo esportivo e migrei para o Direito, e seguimos trocando figurinhas, energias, conectados."

Se você sabe o que fazer, se pode fazer, se está ali, se naquele momento sua ação é bem-vinda... por que não? Deborah foi movida por essa lógica. O mesmo aconteceu com o Fabio Zamborlini, em um retorno ao Rio de Janeiro após uma viagem a trabalho aos Estados Unidos, em 1990. Depois de sair do avião, subiram o *finger*, aquela estrutura que liga a porta do avião à plataforma de embarque/desembarque. Na sua frente seguia uma senhora que levava uma pesada bolsa de nylon. Ele percebeu que ela puxava uma perna e estava tendo muita dificuldade para levar a "pesada bolsa". Sem nem perguntar se ela queria ajuda, segurou uma das alças a fim de tirar o peso de suas mãos. Deu para ouvir o suspiro da senhora. E o que ela disse ficou gravado em sua memória até hoje: "Meu filho, você é um anjo que Deus mandou pra me salvar!". No final do *finger*, o esposo da senhora que ele havia ajudado a esperava. Depois de uma breve apresentação e agradecimentos, se separaram. Na semana seguinte, Zamborlini estaria em Barra Mansa, participando de uma auditoria em uma siderúrgica. Qual não foi sua surpresa ao encontrar o marido da senhora do avião na empresa! Ele era ninguém menos que o presidente da companhia. Foi recebido como herói e convidado para um jantar. A vida está em movimento, e sua boa ação muda não apenas a vida das pessoas, como também a sua própria. É começar a fazer para vivenciar e entender esse fluxo.

QUATRO PRÁTICAS PARA ACIONAR O GATILHO DO SERVIR

1. **Colocar mindfulness na rotina.** Essa prática moderna de meditação ajuda a desenvolver atenção plena e, dessa forma, manter o radar ligado no que se pode fazer aqui e agora.

2. **Testar sua cara de pau.** Não quero dizer para você ser inconveniente. Mas, se você é daquelas pessoas que sempre acham que estão incomodando, experimente ousar um pouco e não bloquear o seu ímpeto de dizer algo para uma pessoa ou ter uma atitude que considera bacana e que você só não faz por medo de ser inconveniente.

3. **Sentir-se igual a todo mundo.** Quando você não se acha superior nem inferior a ninguém, serve sem bloqueios.

4. **Ter como uma das suas missões ajudar os outros.** A partir do momento em que você entende que seu papel no mundo passa por ajudar quem cruzar seu caminho, isso se torna orgânico. Você entra no *flow* do servir. Deixa de ser obrigação.

Capítulo 7

ADOTE UMA NOVA DEFINIÇÃO PARA AMIGO

"Relacionamentos são como os caminhos na floresta. Você tem sempre que limpá-los; caso contrário, eles se fecham, e você não os acha mais..."

– Fabio Zamborlini

Quando me tornei executivo do Comitê Olímpico do Brasil, em 2009, costumava chegar muito cedo no escritório. Como adoro café, ia direto para a máquina de café da sala de reuniões. Em um desses dias, fui lá me servir; quando a senhora da limpeza chegou, tomou um susto. Eram seis e meia da manhã, e certamente ela estava acostumada a trabalhar sozinha naquele horário. "Quer que eu saia?", me perguntou, sem graça. "Quer tomar um café?", devolvi. "Eu não sei mexer nessa máquina, não... Nunca tomei esse café expresso", ela me contou. Respondi: "Não se preocupe, eu que vou fazer para a senhora". Tirei os dois expressos e a convidei para sentarmos para tomar nosso café com um ótimo papo de bom-dia. Sou amigo do porteiro do prédio, do segurança do banco em que trabalhei há vinte anos. Vira e mexe estou no shopping ou num show e um deles vem falar comigo. Então, meus amigos estão em todo lugar – o ex-segurança, a senhora do cafezinho, o artista, o atleta ou o presidente da empresa. Estão, inclusive, espalhados por muitos lugares do mundo. A linguagem da gentileza é universal, não escolhe cultura nem idioma. Já visitei mais de cem países e garanto que demonstrar a intenção de se conectar abre portas e muda o tratamento que você pode receber.

Uma pessoa amiga é alguém que abre possibilidades de afeto, de troca e de boas perspectivas. E o que tenho ouvido cada vez mais são pessoas dizendo que é muito difícil ter amigos. Já ouviu alguém comentar que é muito difícil ter cinco mil amigos no Facebook, e mais impossível ainda é ter cinco mil amigos na vida real? Independentemente do meio onde a amizade surja, se virtual ou real, considero amiga toda pessoa com quem crio algum tipo de conexão verdadeira. Talvez por isso eu considere mais pessoas como amigas que a média. Tenho um rol de melhores amigos, que me conhecem há muito tempo, como a palma da mão, com histórias juntos e afinidades. Mas não são apenas eles dignos da minha atenção, da minha lembrança... A maioria das pessoas faz muita cerimônia para considerar alguém amigo, por entender que é preciso preencher milhões de requisitos para entrar no grupo seleto. Mas quem é que preenche todas as características?

Se a gente for listar critérios para ser amigo e procurar quem se encaixe em todos, pode ser que a conclusão seja: não tenho amigos! Exemplos: ter gostos e opiniões em comum. Pode ser que um amigo da infância tivesse tudo a ver como você. Mas hoje... ele mudou, você mudou. E vocês divergem sobre vários assuntos. Deixou de ser seu amigo? Outra: amigo precisa ter intimidade. Será mesmo? Depois de tanto tempo isolados em casa, intimidade temos apenas com quem mora sob o mesmo teto. Nessa lógica, acabaram os amigos? Gosto da definição de amigo no dicionário. Está lá no Michaelis:

1. Que demonstra afeto ou amizade; afeiçoado, afetuoso.
2. Em que se manifesta amizade ou afeto; amical, cordial.
3. Que gera boas expectativas; que dá sinal de algo bom; favorável, propício.

Cabe bastante gente no rol das amizades se formos considerar a definição do dicionário. E quanto mais amigos você tiver, mais sua vida vai ser boa e cheia de possibilidades de encontros felizes. Pensando dessa forma, amigos deixam de ser os integrantes de um grupo fechado, cheios de critérios a cumprir e se tornam as próprias portas de entrada para mais amigos, mais conexões, mais possibilidades, mais momentos felizes.

Essas portas podem ser abertas a todo momento. A Marilene de Souza trabalha como cozinheira em residências e, trabalhando na casa do meu filho, fez amizade com a Gal, que é diarista. Conversa vai, conversa vem, Gal a convidou para ir à Bahia com ela na época das festas de São João. No entanto, Gal teve um contratempo e não conseguiu ir. Marilene foi sozinha e se hospedou na casa da irmã da Gal, com quem nunca tinha falado na vida. Nicole foi buscá-la na rodoviária, e as duas passaram os três dias passeando como melhores amigas de infância. Marilene também aproveitou para ficar na cozinha aprendendo o jeito baiano de temperar e compartilhando o seu jeito de cozinhar. Voltou da Bahia com histórias para contar e conhecimento da culinária baiana no currículo. Marilene é dessas pessoas que abrem portas e que não têm bloqueios para relacionamentos. Segundo ela diz: "Sou uma pessoa corajosa, não tenho medo de quase nada. Sou muito comunicativa com as pessoas. Quero voltar para conhecer mais pessoas, porque eu gosto".

Para se conectar e expandir os horizontes, basta ter interesse genuíno pelo outro. Simplificando: querer saber sobre a pessoa, como faz Marilene. Com quem você é casado? Com o que você trabalha? Onde você mora? É o básico. Mas pouca gente pergunta. Por achar que vai ser invasivo demais ou estar mais preocupado em ter que contar muito sobre si mesmo. Para ter conexões, também precisamos aprender a falar menos e escutar mais, como diz a empresária Lucilia Diniz, em um artigo na revista *Veja*, "Puxando papo": "(...) seja todo ouvidos ao

> **PARA SE CONECTAR E EXPANDIR OS HORIZONTES, BASTA TER INTERESSE GENUÍNO PELO OUTRO**
>
> NÃO FAÇA NETWORKING | Marcus Vinicius Freire

interlocutor. Nada esfria mais uma conversa que a desatenção. Se o celular tocar, não atenda. Em geral, dá-se importância excessiva ao que se fala. Mas saber escutar é ainda mais relevante. Só quem escuta de verdade sabe o que perguntar".

Não precisamos tanto da arte da oratória, de saber fazer discursos nem falar bonito. Precisamos dominar mais a arte da "escutatória", como diz Alex Castro no livro *Atenção*. Escrevo isso e sei como é difícil passar da teoria à prática. A arte de escutar mais e falar menos é uma das que venho tentando melhorar, e ainda preciso aprimorar muito. Talvez por ser uma pessoa que esteja sempre pensando em soluções – não por acaso, o nome do meu livro anterior é *Resolva!* –, quero achar saídas não só para mim, mas também para os outros. Em alguns momentos, sei que são bem-vindas. Quando estou numa reunião de equipe, por exemplo, e o que se espera de mim é uma solução para um problema. Ou em uma conversa com um mentorado que está justamente querendo minha visão sobre a sua vida. No entanto, em diversos casos, já percebi que era mais importante eu simplesmente estar ali, presente, quieto, em vez de achar que vou ajudar mais se sugerir "por que você não faz isso ou aquilo?". Enquanto você quer resolver, você se desconecta da "escutatória". Fica arquitetando a solução e não ouve o outro. E veja que aqui o verbo é escutar, e não apenas ouvir. Ouvir se refere à capacidade fisiológica, mecânica, que temos de identificar sons. Para construir uma relação, isso não é suficiente. É preciso escutar, o que indica um movimento intencional. Quem escuta tem interesse no que está sendo falado, demonstra empatia por aquilo que está sendo contado. Nesse sentido, escutar é um movimento com todo o corpo, que inclui ouvidos, mas também o coração. Quando uma pessoa lhe conta algo, você escuta realmente quando não se restringe a apenas reter a informação, mas também se interessa pelos sentimentos que acompanham os fatos.

A arte da "escutatória" começa em casa, na nossa intimidade. Há pessoas que mantêm relações melhores fora de casa, no ambiente profissional, do que com marido, mulher, filhos, pais, irmãos. Talvez porque as relações profissionais exijam determinada postura para que tragam retorno. Já em casa, ah... as pessoas podem esperar. Não vejo assim. Acho que a gente joga como treina, e não há treinamento melhor para a vida e para a construção de relacionamentos e amizades do que as relações familiares. A forma como a gente cuida das pessoas em casa se reflete fora.

Tenho um relacionamento com a Claudia que já dura 33 anos. É o segundo casamento dos dois, e posso dizer que iniciamos nossa relação já maduros. Tenho um enteado, o Kim, que conheci com cinco anos e hoje tem 37. Tivemos um filho, o Lucca, que é dez anos mais novo que o Kim. Somos uma família que procura estar sempre junto e, como todas, a nossa também passa por dias de sol e por dias de tempo fechado. Tivemos dias de chuva, trovoadas, mas muitos dias com luz. Certa vez li um texto de Michelle Obama sobre seu relacionamento com o marido, Barack Obama. Nele, ela dizia: "A maior lição que aprendi com ele *[Obama]* é que um parceiro nunca será a solução para todos os seus problemas, embora queiram que a gente acredite que sim. Parceiros ajudam, mas não fazem nada sozinhos". Concordo com a ex-primeira-dama dos Estados Unidos. Uma relação duradoura se faz com muita troca, conversa, diálogos e até mesmo brigas, sempre com a intenção de chegar a um acordo, pois existe a vontade de continuar junto. Para conviver com as pessoas e aprender a lidar cada vez melhor com elas, a escuta é muito importante. Porque só quando você se coloca à disposição para entender o que o outro precisa, quer e sente é que consegue acertar os ponteiros do que não está indo bem. Às vezes, uma discussão se estende e não se resolve porque as pessoas envolvidas não param para escutar, querem apenas falar e reclamar, sem dar chance ao outro. Quando isso acontece dos dois lados, fica impossível chegar a um acordo e a um entendimento. Mas quando os dois estão dispostos a se entender, ainda que saibam que não são metades de uma mesma laranja, eles têm algo muito forte e construído que faz com que revejam o que não vai bem e cheguem mais longe lado a lado.

Quando você tem realmente a intenção de manter um relacionamento, precisa usar a arte da "escutatória", que, no final das contas, é uma atitude que dá espaço para o diálogo. Aqui em casa, aprendemos que conversando a gente se entende, chega a acordos e respeita as diferenças de opinião. A convivência fica mais fácil e mais fluida quando cada um pode ser quem é, sem máscaras e sem se sentir tolhido. Muitos casamentos acabam e muitas famílias vivem afastadas porque falta essa vontade de ouvir e de buscar entendimento.

Todas as relações duradouras, sejam elas amorosas, familiares ou de amizade, contam com uma vontade de fazer dar certo pelo simples fato de se querer aquela pessoa por perto. Contam com uma disposição para valorizar mais os dias de sol e dar um jeito de resolver o que faz o tempo fechar. Quando a gente acredita que aquilo é bom e será bom na maioria das vezes, a gente segue em frente. Todo mundo sabe que não existe relacionamento que ande sempre às mil maravilhas, mas, assim como aposta no seu relacionamento amoroso, deveria apostar nos outros relacionamentos também.

QUANDO VOCÊ TEM REALMENTE A INTENÇÃO DE MANTER UM RELACIONAMENTO, PRECISA USAR A ARTE DA "ESCUTATÓRIA"

NÃO FAÇA NETWORKING | Marcus Vinicius Freire

Meu irmão Roberto Ricardo Freire, 64 anos, engenheiro, casado há 45 anos, atua no Encontro Matrimonial Mundial, e eles utilizam um guia com os ingredientes da escuta com o coração.

1. **Evite interromper a outra pessoa.** Deixe que o outro complete o raciocínio. Isso já é um sinal de respeito.

2. **Pratique o silêncio.** Quando não tiver nada de bom para dizer, segure o ímpeto de causar desarmonia. Espere para dizer o que pensa escolhendo as melhores palavras.

3. **Fique atento(a) aos sinais não verbais.** Uma atitude, uma expressão facial dizem muito de uma pessoa. Acione sua percepção.

4. **Não julgue.** Procure entender os motivos que levam a pessoa a agir ou falar algo. Entenda os pontos e a situação dela, além do repertório emocional e intelectual para lidar com uma situação.

5. **Treine sua mente para não se distrair.** Quando o outro estiver falando, procure absorver ao máximo o que ele quer passar.

6. **Faça perguntas relevantes e que mostrem interesse.** Essa é a consequência de uma escuta atenta. Se você não escutar, não vai saber o que perguntar.

7. **Escute para entender.** Escutar é ouvir e compreender. Aprimorar esse talento vai torná-lo uma pessoa muito mais conectada com as pessoas que ama.

Esse olhar para o outro pode vir naturalmente se você se colocar em seu lugar. O diretor de marketing e teólogo Léo Pomposeli leva essa atitude para o trabalho. O que ele faz hoje como gestor é agir como gostaria que os chefes agissem com ele quando era ele quem estava na execução das tarefas. "Sei que sempre existe um temor de estar sendo mal avaliado, uma dúvida sobre ser reconhecido ou não por aquilo que a gente está exercendo. Isso é mais comum quando você chega num novo ambiente", analisa. Como já viveu essa angústia na pele, hoje, que está do outro lado da mesa, procura deixar as coisas mais leves para quem está no seu time. Para ele, não custa nada fazer com que esses sentimentos e gatilhos sejam amenizados com um sorriso largo, uma voz simpática. Pomposeli acredita que fazer isso com naturalidade é dominar a arte de se relacionar, sabendo romper a barreira da formalidade com maestria. E foram inúmeras vezes que em reuniões ele viu pessoas se sentirem num primeiro momento surpresas e, depois, acolhidas, ao ver um chefe perguntando coisas como "Está tudo bem com você? Como posso te ajudar?". Como no dia em que percebeu a gerente de projetos muito acelerada, com a fala ansiosa. Notou que ela estava precisando dar uma respirada. Fez uma pausa no assunto que estava sendo tratado e perguntou: "Como é que você está?". E ela chorou, porque estava precisando que alguém olhasse para ela com interesse genuíno em saber o que se passava com a mulher por trás da gerente. Não dá para separar as coisas o tempo todo. Existe, sim, o profissionalismo, mas sempre existe o ser humano que precisa e merece ser olhado e escutado. Léo é daquelas pessoas que já entenderam o valor disso. Portanto, deixa o outro falar, se sentir à vontade, e, dessa forma, consegue tocar a alma das pessoas e transformar a relação de trabalho, que poderia ser fria, em algo acolhedor. Para ele, o resultado disso é felicidade, é alegria de estar junto e de querer fazer. E, dessa forma, com um time de pessoas que sabem que podem contar com você, é possível mover montanhas e atingir objetivos em comum.

Dar atenção e se interessar pelo outro deveria fazer parte do nosso dia a dia. Deveria ser o básico do bom relacionamento. Estar de verdade com as pessoas deveria ser o necessário para chamá-las de amigas. Mas é mais fácil passar semanas, meses, até mesmo anos sem saber nada a respeito da vida de quem cruza o nosso caminho diariamente. Se você acha que estou exagerando, responda rápido: quantos filhos tem a moça da limpeza do prédio onde você mora? Você sabe o nome do segurança do lugar onde trabalha? Na era das conexões, não dá mais para se limitar ao cargo. Todas as pessoas são importantes, pois sabemos que cada uma cumpre um papel importante na teia dos relacionamentos. É míope a visão de quem tem critérios do tipo: se é a presidente da empresa, vou dar um jeito de me aproximar; se é uma funcionária de cargo mais simples, não preciso saber nada sobre ela. Será mesmo? A escala de valor dos relacionamentos não deveria seguir a regra do cargo mais importante. O networking como estilo de vida vai além da preocupação com o relacionamento vertical ou só com as camadas que interessam na pirâmide social. Vou simplificar bastante a sua vida: trate todas as pessoas com a mesma educação e a mesma gentileza. Esqueça cadeiras, status e o que pode ganhar em troca, e tenha amigos em todo lugar.

TRÊS AÇÕES BÁSICAS PARA TER MAIS AMIGOS

1. Praticar a arte da "escutatória".

2. Tratar todas as pessoas com a mesma educação e a mesma gentileza.

3. Demonstrar interesse genuíno pelo outro, fazendo perguntas pontuais.

Capítulo 8

USE O PODER DAS PEQUENAS GENTILEZAS

*"A segunda melhor coisa do mundo é fazer amigos.
A primeira é manter."*

"O marido da sua amiga pegou covid, uma conhecida arrasou na live, um ex-colega de trabalho se separou. Você mandará um WhatsApp para todos eles – daqui a pouquinho. (...) Ok, ok, só que agora não dá, são nove da manhã e você ainda não postou nada nos stories, nem bisbilhotou o Instagram dos outros, primeiro as prioridades." Esse trecho de uma crônica da escritora Martha Medeiros, na revista Ela, do jornal *O Globo*, intitulada "O resto pode esperar", faz um retrato de como nós, geralmente, escolhemos o que é prioridade em nosso dia a dia. Talvez por ficarmos tão focados em nós mesmos, passamos batido por aquilo que diz respeito aos outros. Esquecemos que pequenos gestos são bem-vindos sempre e que a justificativa "estava na correria" não cola mais. Com o WhatsApp na mão, não tem desculpas. Nesse contexto atual, em que a maioria das pessoas deixa em segundo plano a atenção para além do umbigo, até o que parece pequeno pode fazer uma diferença enorme. Estou falando de fazer coisas simples, como cita a Martha. Ou, ainda, mandar uma mensagem gentil mesmo que não possa comparecer a um evento para o qual foi convidado. É preciso se manter presente mesmo quando ausente. Certo domingo, li um trecho de Neide Arcanjo que dizia assim: "estando, me faltas". Falava de um casal que estava se separando, de presenças que representam ausências. Quero aproveitar o tema do artigo para dizer que o contrário também pode ser verdadeiro.

Muito se fala hoje do *lifelong learning* – aprendizado de longo prazo – como algo essencial para quem quer se manter atualizado na vida, no mercado de trabalho. De fato, precisamos estar abertos para aprender novos conceitos e jeitos de fazer. Mas não basta atualizar os conhecimentos e viver em modo beta. Ao lado desse hábito, sugiro que você adote mais um, o da *lifelong connection*, o que significa, em livre tradução para português, conexão ao longo da vida. Manter as conexões no longo prazo. Acredito que o combinado de aprendizados atualizados e contatos sempre quentes abre as portas para uma vida com mais significados e mais oportunidades. Ambos exigem manutenção, consistência – o que só temos quando adotamos um estilo de vida que comporte esses hábitos. Uma pessoa que tem o hábito de aprender sempre compra novos livros, assiste a palestras, ouve podcasts enquanto corre ou pedala, assiste a TED Talks, vai a convenções, faz cursos de curto prazo sobre novas práticas, conceitos... Já uma pessoa que tem como hábito manter as conexões não perde a chance de se fazer presente na vida das pessoas.

Talvez você não veja muito sentido em cultivar certas relações que acabaram com o tempo ou pela distância, ou porque a pessoa mudou de vida, de estilo de vida ou de modo de pensar. Parou de dar liga. Fazem parte do pacote dos relacionamentos situações como essa. Caminhos que se cruzam não se cruzarem mais. Eu só não acho que você deve desistir das pessoas ou de se relacionar por isso. Como disse o jornalista Nelson Motta em um artigo: "Os relacionamentos vão bem, obrigado, em permanente revisão e correção, pela maturidade, o amor, a confiança e a verdade. As pessoas mudam a cada momento, mudam seus sentimentos, seu humor, seus desejos, seu jeito de ver a vida". E ele continua o texto citando Vinicius de Moraes: "a vida é a arte do encontro, embora haja tanto desencontro pela vida". De fato, criar conexões é estar disposto a se entregar à arte sem deixar que a sua capacidade de criar conexões seja afetada pelos desencontros – que, sim, existem, mas não devem ser a regra.

Brené Brown diz que é por meio de pequenos gestos do cotidiano que construímos uma das bases dos relacionamentos, a confiança. Para explicar como isso se dá, ela usa uma metáfora do pote de bolinhas de gude. Mas gostei e adotei a forma abrasileirada, criada pelo especialista em facilitação e estratégia Matheus Pires de Freire, que é meu sobrinho. Segundo ele, podemos pensar num pote de jujubas. Seguindo o raciocínio de Brené, cada simples ato de interação corresponde a uma jujuba a mais no pote ou fora do pote. Qualquer interação tem o poder de fortalecer ou enfraquecer um vínculo, trazer para perto ou afastar alguém. Algumas atitudes positivas da lista de Matheus são:

- lembrar os nomes dos integrantes da família do seu colega;
- um olhar genuíno de bom-dia ou de acolhimento;
- o convite para uma pausa em um dia normal;
- um pedido ou uma oferta de apoio;
- ou, ainda, um momento de refeição compartilhado.

Em vez de a conexão ser um evento específico que precisa de hora, local e agenda para acontecer, ela vira algo mais orgânico, com uma continuidade. Acaba sendo um jeito de estar sempre conectado e soar mais pertinente do que marcar um almoço do nada. Até porque a gente só vai se lembrar de marcar – ou se dispor a marcar – quando houver um interesse envolvido. É diferente de manter uma conexão positiva e não ligar apenas quando existir algum problema ou precisar de ajuda.

Ausências físicas podem se tornar presenças se você mostrar que se importa. Uma boa conexão pode fazer, inclusive, a pessoa se sentir mais próxima de você, que não foi, do que de algumas pessoas que estiveram na festa mas só bateram cartão, sem se conectar de verdade. Então, se tiver que faltar a um casamento, você pode simplesmente não responder ao RSVP e concluir "os noivos sabem que não vou", mas será muito mais gentil se mandar uma mensagem. Sempre que escolho um presente da lista, faço pensando no que vou escrever no cartão: se, por exemplo, for uma máquina de expresso, "Que todas as manhãs do casal sejam aquecidas pelo cafezinho", ou, se for um decanter de vinho, "Que muitos brindes venham coroar esse lindo encontro de vocês". Se você tiver isso como hábito, vai se diferenciar da multidão, porque a maioria não vai fazer. O já famoso "fica a dica".

O mesmo vale para quando você fica sabendo que um bebê de um conhecido nasceu. Envie um presente para a maternidade ou para a casa dos pais. É uma estreia do amigo no teatro? Deseje "muita merda", como os artistas esperam, ou "bom evento". Agradecer, justificar e, se a ocasião pedir, mandar flores vai além das regras de etiqueta. É regra de conexão.

SONHEI COM VOCÊ

A vida está cheia de oportunidades e *insights* que podem nos motivar a nos conectar. Não perco essas chances. Eu me habituei a entrar em contato com quem surge nas minhas lembranças, nos meus sonhos, nos artigos que leio no café da manhã. Leio o jornal físico – sim, ainda leio jornal e revista – com o celular na mão, porque o WhatsApp é um grande aliado para meu ritual de conexões. Se gostei de um artigo de alguém que conheço, já escrevo uma mensagem: "Adorei esse seu artigo, parabéns! Beijos, boa semana". Se vejo uma reportagem e o sobrenome do entrevistado é familiar, igual ao de uma pessoa que conheço, já envio uma foto ou link para ela e pergunto: "É seu tio, seu primo?". Faço isso com quem quer que seja, até amigo que não vejo há dez anos, vinte anos. A maioria das pessoas não age assim, porque acha que não vem ao caso, não quer incomodar nem se expor. Não vejo contraindicação. Em 99% das vezes, o saldo é positivo e sou bem-vindo. Você só saberá o efeito disso se começar a colocar em prática. A partir do momento em que tornar esse tipo de atitude um hábito, vai ver como é possível e fácil ficar mais perto das pessoas. E mais: você fica na lembrança delas, e disso podem surgir convites, oportunidades… de onde menos se espera.

FELIZ ANIVERSÁRIO!

Minha mãe tem 83 anos e um hábito interessante. Na parede do seu quarto ela mantém uma lista dos aniversariantes do mês. Assim, já acorda sabendo para quem tem que ligar, mandar mensagem. Ela não pula ninguém da lista. Tenho a quem puxar! Também anoto o aniversário de quase todo mundo na minha agenda do celular. Assim que alguém me diz sua data de nascimento, já marco em algum lugar, para não me esquecer.

    Dar felicitações de aniversário é um hábito muito simples de cultivar. Mais do que isso, é uma questão de disciplina e consideração, uma maneira de mostrar que você se importa. Esse cuidado vale para todo tipo de conexão, independentemente de a pessoa ser sua amiga íntima ou não – essa lembrança, aliás, as redes sociais foram responsáveis por estimular. Sem falar que é muito simples, ainda mais com o Facebook ou o LinkedIn nos avisando, ou o Instagram com os *reposts* dos amigos do aniversariante passando nos stories. Mas não se restrinja a elas, porque tem gente que não está ali. Faça sua lista particular de datas de aniversário de uma forma que ela possa ser editável e sempre caibam mais nomes. Pode ser no Excel e pode ser na boa e offline agenda. O calendário da minha mãe também é uma ideia. O importante é ter proatividade.

ESTUDE AS PESSOAS

Já passou pela saia justa de alguém o cumprimentar ou abordar numa festa ou no ambiente de trabalho e você não se lembrar de onde conhece a pessoa? Pior ainda quando está na companhia de alguém e se sente na obrigação de apresentar o conhecido. Como fazer isso sem saber o nome? Isso pode acontecer com todo mundo! Para evitar essa situação, o ideal mesmo é ser bom fisionomista e bom de lembrar nomes. Claro que é impossível evitar essa gafe em 100% das vezes, nas situações em que o acaso manda. Mas quando você tem uma reunião ou um encontro importante, sugiro investir um tempinho estudando as pessoas que estarão presentes. Use a tecnologia a seu favor, procurando mais informações sobre elas em LinkedIn, Instagram ou Wikipedia. Onde estudaram, trabalharam, a que trabalho voluntário estão conectadas, quem são os amigos em comum? Com isso, terá condições de chamar a pessoa pelo nome e, ainda, quebrar o gelo com simpatia, usando informações que mostram que se importa com ela. E é uma excelente forma de trabalhar sutilmente a identificação com alguém. Nas entrelinhas, você passa a mensagem de que é uma pessoa atenta e realmente se importa com o outro. Esse é o primeiro passo para o início de um bom relacionamento.

Marcus Vinicius Freire

APRENDA A LÍNGUA LOCAL

Em viagens para outros países, também é possível abrir portas com simples atos de gentileza: usar muitos sorrisos e quatro expressões curtas: bom dia, boa noite, obrigado e por favor. E a dica aqui é falar o que você puder na língua local. Se estiver nos Estados Unidos ou na Inglaterra, ok, vá de inglês, mas, se for visitar a Turquia, aprenda as saudações em turco! Com tantos tradutores online, não custa nada aprender o básico, seja francês, chinês ou grego. Pode ter certeza de que faz diferença. É um jeito rápido de você mostrar que se preocupa, que está aberto, que quer ser local, vamos dizer assim. Além de cativar pelo esforço de ser compreendido e pelo respeito pela cultura, é algo que deixa clara a sua intenção amistosa de conexão. E ainda transmite interesse genuíno. É como digo: aproveite tudo que o aproxima do outro!

VALORIZE OS RELACIONAMENTOS ANTIGOS

A vida é cíclica e impermanente. Passam os anos, as cadeiras continuam, mas as pessoas que se sentam nelas mudam. Quem se relaciona com cadeiras descarta pessoas. Quem se relaciona com pessoas descarta as cadeiras. Alguém que fez toda a diferença em sua carreira no passado, a pessoa que já teve a caneta na mão e agora se aposentou, o cliente que já representou o maior faturamento da sua empresa e agora quebrou... Eles continuam merecendo sua atenção. Lembre-se de que cargos e títulos são provisórios e que o que sempre fica é a maneira como você trata as pessoas. Não tenha dúvidas de que isso será lembrado.

A VIDA É CÍCLICA
E IMPERMANENTE.
PASSAM OS ANOS,
AS CADEIRAS
CONTINUAM, MAS
AS PESSOAS
QUE SE SENTAM
NELAS MUDAM

NÃO FAÇA NETWORKING | Marcus Vinicius Freire

Cultivar essas relações com a consideração de sempre é uma forma de mostrar seus valores mais intrínsecos. Até mesmo um chefe que aprontou com você pode merecer seu perdão – até porque, com as voltas que a vida dá, ninguém fica sem aprender com os próprios erros, sofrendo as consequências deles. Você vê a pessoa plantar e colher. E quem somos nós para julgar, espezinhar e pisar em cima? Na minha cabeça, os relacionamentos nunca foram com "o dono do banco", "o presidente do clube"... Por isso, não deixei essas relações acabarem. Até hoje mando mensagem para essas pessoas para saber como estão. E se as encontro, elas têm toda a minha consideração.

Quando a cadeira some, a maioria das pessoas some. Os puxa-sacos com certeza somem. Continua lá quem tem o relacionamento como prioridade, como estilo de vida, como algo realmente importante. E não há nada que traga mais significado do que levar relações genuínas para a vida toda.

Estar na vida conectado com as pessoas é ter generosidade e um exercício de gratidão, é lembrar-se de que, se determinada pessoa não estivesse ali, naquele momento importante da sua vida, lhe dando apoio ou uma oportunidade, você não faria muitas das coisas que fez. Meu amigo Giuliano Chiaradia, diretor de cinema e tevê, se surpreendeu com um vídeo que recebeu anos depois de ter ministrado um workshop de conteúdo mobile em Dar Es Salaam, na Tanzânia, em 2011. Naquela época, o telefone móvel já era um dispositivo potente, repleto de possibilidades e oportunidades, mas ainda usado basicamente para fazer chamadas de voz, mandar mensagens e tirar fotos. Nem todos tinham a noção da praticidade, do imediatismo e da inclusão que essa ferramenta traria para a produção e a distribuição de conteúdo digital.

Uma das participantes do workshop tinha muitas ideias, projetos de filmes incríveis e o sonho de entrar para o mercado audiovisual, mas achava que faltava incentivo e equipamento para realizar suas produções e expor suas ideias. O mercado audiovisual na Tanzânia era bem limitado, para poucos, e, sem equipamento para gravar e editar, ela tinha um grande desafio pela frente. Depois de muita inspiração, exemplos de cases práticas adequadas durante o workshop, finalmente ela conseguiu ver, na palma da sua mão, uma oportunidade de contar suas histórias para o mundo. Então, gravou um depoimento em vídeo com seu celular e o enviou a ele dizendo que havia aprendido muito naquele dia. E que suas ideias, agora viáveis para serem produzidas, eram um passaporte para que ela saísse daquela realidade cruel. Ela estava participando do seu primeiro festival de cinema. A atitude de gratidão da moça marcou Chiaradia e mostrou a ele o impacto real de seu empenho em compartilhar conhecimento naquele workshop. Reciprocidade, troca e reconhecimento constroem relações e nos estimulam a sermos pessoas cada vez melhores e generosas.

ALMOÇO DE NEGÓCIOS X CAFÉ DE ATUALIZAÇÃO

Tem gente que acha que a melhor forma de manter a conexão é seguir a clássica regra do "não almoce sozinho". Na realidade, almoços simplesmente para fazer networking, sem ter amizade envolvida, dão uma aparência de intimidade que não existe e ainda rendem pouco para a quantidade de tempo despendida. Rendem menos, porque a conversa fica interrompida pela dinâmica de estar num restaurante, das mesas muito próximas e dos assuntos que não podem ser públicos. Além disso, pode ter a espera de mesa, momento em que se perde tempo e só se fala sobre amenidades. Então vem o menu, "o que vocês vão pedir?". Quando começa a embalar a conversa… "Faltou a água com gás", "Vai mais alguma coisa?". Imagino que muita gente pensa como eu. E tem muita preguiça desses almoços. Fique tranquilo, tranquila, se você está deixando esse item sempre para depois. Para mim, jantar e almoço você vai com a família e os amigos, porque eles foram feitos para não ter roteiro. Para negócios, prefiro um café de atualização. Tem mais foco, é mais dinâmico, é mais fácil de encaixar na agenda. Além disso, marca-se café de atualização justamente para trocar ideias e se conectar ou reconectar de forma mais objetiva. Você conta o que está fazendo, a pessoa faz o mesmo. Algumas pessoas querem marcar café por nada ou para ocupar o horário delas. A fim de que seja produtivo, já vá com uma pauta na cabeça "Vamos marcar para fazer uma atualização", mas de quê? Tem gente que se incomoda com isso, com a pergunta "qual é a pauta?", talvez por não saber com clareza o assunto. Mais um motivo para ter pauta, ou pensar nela antes de marcar o café. Eu sou mais chato ainda, porque quero continuar o roteiro após o café: "Conforme falamos, vamos combinar o próximo passo". Se existe uma conexão feita por vínculos profissionais, as ações que mantêm viva essa ligação devem continuar acontecendo até chegar ao objetivo, seja um contrato, seja uma venda, seja uma parceria.

    E quando é o caso de uma reunião? A reunião de negócios precisa de um objetivo palpável. Sem dúvida, a reunião pode ser um bom momento de conexão, mas é bom ter a pauta do que será abordado, porque muitas coisas não precisam de reunião para serem resolvidas. As pessoas passam o café conversando e não combinam nada que dê continuidade ao assunto. Gosto de me pautar por esses critérios.

Para estar em uma reunião, ou estamos criando valor, ou transferindo novos conhecimentos, ou tendo prazer e nos divertindo – no caso de reuniões sociais, sejam de trabalho ou não. Antes de enviar um convite, pense no outro (ou nos outros). Pedi uma reunião com essa(s) pessoa(s), mas vou criar algum valor, vou transferir conhecimento ou vai haver algum tipo de diversão que nos aproxime e aumente o vínculo? Se a resposta for "nenhum dos três", e só você for se beneficiar de alguma forma, libere a(s) pessoa(s), pense de novo em como entregar valor e fazer sentido para ela(s) também. É importante ter o critério de troca, não gastar chumbo com um encontro que deixe uma sensação de tempo perdido.

Caso contrário, junta-se um monte de gente, ocupa-se um grande horário na agenda de todos para não render quase nada. Isso pode gerar um incômodo, porque as pessoas sentem que o tempo delas poderia estar sendo mais bem usado. Em vez de gerar conexão e fazer com que todos se envolvam mais com o trabalho, o encontro sem propósito tem efeito rebote: causa um distanciamento emocional – e certa resistência para que haja um próximo. Ter objetividade, aqui, trata-se de respeito e cuidado com funcionários, pares, chefes. E respeito é um pilar importante para se estabelecerem conexões genuínas.

Já a reunião social vale também, porque faz bem e é um momento de criar valor. Se estou no meu jogo de vôlei de praia do fim de semana, pode ter pouco valor ou novo conhecimento, mas, como temos ali pessoas das mais diferentes origens e classes sociais, essa diversidade já garante a diversão. O networking com estilo de vida pode ser simplesmente um prazer.

Marcus Vinicius Freire

CHECKLIST DAS PEQUENAS GENTILEZAS

- ☐ Cumprimentar nos aniversários
- ☐ Elogiar quando tiver vontade
- ☐ Mandar um presente em forma de gratidão
- ☐ Agradecer convites
- ☐ Não deixar ninguém sem resposta

RESPEITO É UM PILAR IMPORTANTE PARA SE ESTABELECEREM CONEXÕES GENUÍNAS

NÃO FAÇA NETWORKING | Marcus Vinicius Freire

Capítulo 9

CONECTE-SE NO TEMPO CERTO

*"Torne-se um semeador de coisas boas.
Seja alguém que faz questão de contribuir para
melhorar a vida de outras pessoas."*

– Kintsugi: o poder de dar a volta por cima

Costumo dizer que, se eu não retornar um e-mail ou mensagem em até 24 horas, pode ligar para a Claudia, porque certamente algo muito grave me aconteceu. Acho importantíssimo responder – e no tempo em que essa ação é esperada. Para a conexão e um relacionamento fluido, sem ruídos, a questão do timing faz toda a diferença na impressão que você deixa e na mensagem que passa sobre quanto considera ou não determinada pessoa. O melhor momento é aquele em que o assunto está quente para a pessoa e para você. Se somos convidados para conhecer um restaurante – a Claudia volta e meia recebe convites –, antes mesmo de comermos a sobremesa, pergunto a ela: "Já agradeceu a quem convidou?". Sou muito preocupado com o timing. Não dá para esperar passar dias para dizer "o bolinho de bacalhau era espetacular". Sabendo que o dono do restaurante está na maior expectativa por um feedback, é importante retornar o quanto antes. Essa agilidade, esse timing, faz toda a diferença na conexão. Explico com o gráfico a seguir, que ajuda a entender a lógica que relaciona tempo de resposta e energia, empatia, conexão.

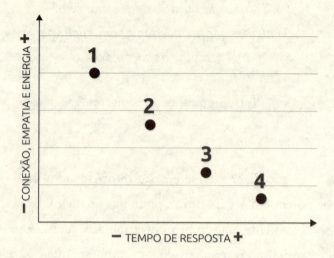

Quanto mais tempo você demora para se manifestar, menor a conexão estabelecida – e pior ainda é a emoção residual que fica.

Aqui coloco a provável reação da pessoa de acordo com o tempo que você leva para retornar ou dar atenção:

1. **No tempo certo.** Conclusão da pessoa: gente fina, elegante e sincera.
2. **Com algum atraso.** Conclusão da pessoa: esqueceu, estava corrido, não sou tão importante, mas teve alguma consideração.
3. **Muito tempo depois.** Posso estar errado, mas, na maioria dos casos, retornamos muito tempo depois quando temos algum interesse. Talvez já tenha acontecido com você de lembrar-se da pessoa para algo e, aí, na hora de enviar um WhatsApp, ver que ficou uma mensagem sem responder há um tempão. Aí resta dar uma desculpa qualquer, pedir perdão. A leitura do outro lado pode ser muito bem: "Ah... tá bom... finjo que acredito".
4. **No dia de São Nunca.** Conclusão da pessoa: metido, fresco, mal-educado, não gostou.

No tempo curto, você simplesmente faz o que tem que ser feito, com a espontaneidade do momento. No tempo médio, você dá um jeito. No longo prazo, o que poderia ser simples complica, porque você tem que inventar uma desculpa. E quando não retorna nunca mais e depois precisa se conectar, pode acabar ficando sem graça de voltar a falar com aquela pessoa. Com isso, a conexão se esvazia por uma simples displicência.

Sei que, em alguns casos, a falta de retorno se deve ao fato de não termos uma boa notícia. Imagine que, no caso do restaurante, o bolinho de bacalhau veio encharcado de óleo e o atendimento foi lento demais. É mais confortável se abster do que falar. Ainda assim, sou da teoria de que vale mais o retorno do que um silêncio. Vejo que a crítica construtiva vale sempre, pois demonstra cuidado e atenção. Pense em um filho. Se ele faz algo de errado, você não desiste dele. Vai lá, explica o que não foi legal e procura ajudar. Aqui vale a mesma postura. Basta que você saiba como fazê-lo. Você tem que ser muito verdadeiro. Então, pode começar com uma frase que demonstre que a sua intenção é ajudar, e não magoar. Talvez possa ser algo assim: "Não quero detonar seu negócio, mas no meu caso não funcionou". Outra dica é colocar um defeito em si mesmo para deixar a crítica mais leve: "Cara amiga, sabe que eu sou conhecido por ser o 'supersincero'… Então, não me leve a mal, mas preciso falar para você…". Desse jeito, a pessoa não fica intimidada. Você também pode começar com um elogio, "o ambiente está muito legal, porém a comida demorou muito para chegar…".

Dar seu feedback imediato, no timing, é fazer a sua parte. No caso, a parte solicitada pelo outro. Em algumas situações, a crítica pode não ser bem recebida; há sempre o risco, inclusive, de perder o relacionamento. Mas acredito que, se a pessoa considera a sua opinião, ela vai agradecer a sua intenção de ajudá-la a melhorar seu serviço. Em resumo, ter timing é corresponder à expectativa de retorno que o outro tem. É fazer o diálogo e a conexão fluírem, quando se é solicitado ou não.

COMO ESTÁ O SEU TEMPO DE RESPOSTA? FAÇA O TESTE

Talvez você tenha lido este capítulo e concluído que faz sentido. Mas será que está indo da teoria à prática no dia a dia? Leia as situações abaixo e dê uma resposta sincera sobre como você reage a cada uma delas. Cada sim é um ponto positivo no seu tempo de resposta.

1. Sempre respondo as mensagens de WhatsApp em menos de 24 horas.

2. Quando alguém me manda um presente ou uma felicitação de aniversário, eu agradeço.

3. Ainda que eu não tenha uma resposta positiva para dar à pessoa, dou um retorno.

4. Sempre que alguém me liga e não consigo atender, eu retorno a ligação.

5. Minha caixa de mensagens não tem nenhuma mensagem sem resposta – a não ser que seja um spam, procuro responder.

DAR SEU FEEDBACK IMEDIATO, NO TIMING, É FAZER A SUA PARTE. NO CASO, A PARTE SOLICITADA PELO OUTRO

NÃO FAÇA NETWORKING | Marcus Vinicius Freire

Capítulo 10

TIRE MELHOR PROVEITO DAS REDES SOCIAIS

As redes sociais são uma maneira fácil e prática de você contar para muita gente ao mesmo tempo o que está fazendo, por onde anda. No LinkedIn, sabemos, o viés é mais profissional e requer uma postura de consistência, constância. Isso não quer dizer que não haja interações mais pessoais. Impossível desvincular a pessoa jurídica da física, e claro que, seja para gerar conexões profissionais, seja para deixar você mais presente na vida das pessoas, ajuda estar presente com um perfil. Sabendo usar, elas são uma ferramenta poderosa para conectar e beneficiar pessoas, como aconteceu com o Daniel Pedrino, meu amigo CEO do Descomplica. Ele relata como o LinkedIn virou uma ponte e fez com que ele, por tabela, ajudasse um terceiro que não conhecia. O resumo dessa história virou um post que ele compartilhou em seu perfil e eu transcrevo aqui:

"Essa história tem paixão no contexto e no nome, literalmente!

E mostra pra você, que está aqui no LinkedIn, o PODER que essa rede tem de formar conexões poderosas.

Rolando pelo feed, eu me deparei com um post escrito pelo Jefferson Paixão, profissional de marketing, que acabara de entrar na Descomplica Faculdade Digital, depois de mais de quinze anos tendo terminado o ensino médio.

A publicação, pra mim, foi arrebatadora! Ele descreveu a própria realidade na periferia com todos os marcadores sociais de sua vida: marginalizado do 'sistema econômico', trans, não binário e preto.

A história me deixou emocionado por fatores educacionais, econômicos e sociais – sabemos que há uma parcela pequena que tem a oportunidade de estudar e realizar os sonhos que sempre nos perguntam quando criança.

***

Parei pra pensar na quantidade de pessoas que já passaram pelo Descomplica e concluíram algum objetivo profissional (ou de vida). Eu me senti orgulhoso e honrado por esbarrar com tanta gente que carrega história dentro de si.

Sim, eu sou um privilegiado!

Mas a cereja do modelo está aqui, no LinkedIn, que fez com que o meu post se conectasse com a Mobees, onde os fundadores leram meu comentário e quiseram conhecer a trajetória do Jefferson.

E, como uma boa história, teve um final feliz!

Hoje o Jefferson é responsável pela área de digital marketing da Mobees, uma das principais Adtechs do Brasil. A vontade de mudar o contexto e o mundo inspirou a Mobees e a mim.

Que essa história, contada aqui no mesmo algoritmo, tenha poder para encontrar ainda mais pessoas que se sintam incapazes, marginalizadas e/ou excluídas, dando um impulso para que possam ver que é possível mudar por meio da educação.

Para além disso, que minhas conexões estejam aptas a sempre olharem e encontrarem pessoas como o Jefferson, com sede de transformar o mundo.

Obrigado ao sagitariano Jefferson por tanta história e Paixão."

***

Redes sociais podem fazer a mágica das conexões acontecer com a possibilidade de compartilhamento de ideias. Mas as conexões verdadeiras só acontecem de fato quando as pessoas por trás do perfil estão envolvidas e fazem a diferença. No caso, foi o comentário, de um para um, do Pedrino que disparou o gatilho do interesse dos fundadores da Mobees em conhecer o Jefferson. Então, redes sociais são ferramentas de apoio para nós, seres humanos, que continuamos sendo os protagonistas da conexão. Tanto é que elas ajudam empreendedores a mostrar seus negócios, mas é muito bem-vindo quando os donos dão as caras para mostrar quem está por trás daquela marca. Profissionais liberais também podem optar por estar presentes para divulgar seu serviço, mas é bem comum um dermatologista ou nutricionista acabar fazendo um mix de postagens do seu estilo de vida aliado ao seu conhecimento. Não dá mais para separar o profissional do pessoal. Isso ficou bem claro, inclusive, com o home office e o home schooling durante a pandemia. Então, se você está em uma rede social, está passando uma mensagem para amigos, colegas de trabalho, chefes, funcionários... Ou para colegas que viraram amigos; amigos que viraram chefes, e por aí vai.

Portanto, quando você usa sua rede social, seja para um pequeno círculo de amigos, seja para muita gente, isso precisa ser bem-feito e cuidado. Quem produz um conteúdo de qualidade e alinhado com o que deseja comunicar sobre si mesmo acaba atraindo pessoas, o que pode render não apenas seguidores, consumidores e *likes*, mas também conexões. Entretanto, isso não é regra. O fato de você poder mandar mensagem para qualquer pessoa que segue ou que segue você não significa que receberá retorno.

No Instagram, a simples decisão de deixar o perfil aberto ou fechado já é um filtro de como vai interagir e do quanto quer se conectar e expandir suas conexões pelas redes sociais. Quem prefere ter uma interação restrita a amigos próximos certamente vai escolher

QUANDO VOCÊ USA SUA REDE SOCIAL, SEJA PARA UM PEQUENO CÍRCULO DE AMIGOS, SEJA PARA MUITA GENTE, ISSO PRECISA SER BEM-FEITO E CUIDADO

NÃO FAÇA NETWORKING | Marcus Vinicius Freire

fechar o perfil e aceitar apenas pessoas selecionadas. E quem abre a conta para quem quiser tem interesse em criar novas relações. Mas isso não é líquido e certo. Para essas conexões acontecerem de forma genuína, é preciso cuidar do que você posta e de cada relação que considera importante ali.

Como a vida publicada é um recorte do que acontece no seu dia a dia, as conexões que você vai estabelecer estarão muito conectadas com aquilo. Vou dar um exemplo. Viajo bastante com a minha mulher, a Claudia, porque ela é influenciadora no segmento de viagens. Acaba sendo inevitável termos muitas fotos boas de lugares incríveis. Mas se eu mostro apenas minhas viagens, pode acontecer de as pessoas concluírem que estou num eterno sabático – o que não é verdade – e haver um ruído que pode atrapalhar conexões de trabalho. Uma vez em uma rede social, você precisa se posicionar de acordo com seus objetivos. Se você tem uma meta profissional e está presente com um perfil nas redes sociais, tem de fazer escolhas e avaliar se a imagem que você quer passar está refletida em suas postagens. Pense: "Como isso se relaciona com o que quero que as pessoas saibam de mim ou conheçam sobre mim?". No mundo virtual, você é aquilo que comunica.

Certa vez, um amigo me contou que tinha aberto um escritório para ligar pessoas e fazer novos negócios. Falei: "Nossa diretora comercial fica na mesma cidade que você. Vou fazer a conexão. Manda seu LinkedIn". Ouço como resposta que seu LinkedIn está parado há tempos. "Como você quer fazer negócio e seu LinkedIn está parado? Vamos reativá-lo agora, amigo", foi minha resposta.

Mais um cuidado no LinkedIn é em relação ao envio de *direct messages*. No LinkedIn, todo dia surge alguém querendo vender algo sem nem estudar o perfil do destinatário. Já recebi oferta de serviços de comunicação, área da minha empresa, o que deixa claro que é spam, que a pessoa nem sabe quem eu sou... Spam não conecta. E até incomoda. Isso não quer dizer que você não pode abordar uma pessoa que não conhece com o intuito de fazer uma parceria, um negócio. Aqui temos uma linha tênue: ser cara de pau *versus* ser inconveniente. Para não ser inconveniente, o segredo está em, antes de se conectar, entender se faz sentido. Conheci a chef Roberta Sudbrack em janeiro de 2012, lendo o Segundo Caderno do jornal *O Globo* de domingo. Ela na entrevista dizia que estava procurando novos desafios enquanto fazia um tour pela Itália conhecendo novos restaurantes. Logo pensei que ela poderia ser a pessoa ideal para fazer parte da delegação brasileira como chef de gastronomia do Time Brasil na Olimpíada de Londres 2012. Procurei o e-mail dela e mandei uma mensagem curta dizendo que queria convidá-la para embarcar em um novo desafio. Ela marcou reunião, aceitou o desafio na hora e foi a chef olímpica tanto em Londres como no Rio de Janeiro, em 2016. Até hoje é uma das minhas melhores amigas. Claro que a cara de pau pode também ser interpretada como invasão por algumas pessoas. Cada um reage de um jeito. E não controlamos o que as pessoas pensam ou como interpretam nossas ações. O que podemos fazer é a lição de casa, procurando convergência e interesse mútuo no que se quer propor. Isso não deixa de ser um exercício de empatia. Nesse caso, descobri que a Roberta era gaúcha, como eu, e também teve sua experiência no esporte – ela tinha jogado handebol.

De todas as ferramentas digitais, considero o WhatsApp a mais eficiente para estreitar laços de amizade e manter os já existentes. Talvez porque ele possibilite também a troca um a um ou em pequenos grupos que têm uma grande sinergia ou algo em comum. Nesse caso, ter uma lista organizada por temas é uma dica. Tenho organizadas várias listas de transmissão no WhatsApp, justamente para manter o cuidado de, mesmo quando for enviar algo a mais de uma pessoa ao mesmo tempo, que seja uma informação relevante e do interesse daquela pessoa. Ela tem que saber que você pensou nela e não mandou simplesmente uma mensagem spam. Isso porque o tiro pode sair pela culatra. Em vez de se conectar, você vai passar a mensagem de que essa pessoa é só mais uma na sua lista para qualquer tipo de novidade. Quanto mais genérica a comunicação, menor a conexão. Quanto mais personalizada, maior a conexão. Essa é uma regrinha que vale para qualquer comunicação.

QUATRO REFLEXÕES PARA TER EM MENTE AO USAR AS REDES SOCIAIS PARA SE CONECTAR DE VERDADE

1. O fato de você poder mandar mensagem para qualquer pessoa que segue ou que segue você não significa que receberá retorno.

2. Antes de postar, pense: "Como isso se relaciona com o que quero que as pessoas saibam de mim ou conheçam sobre mim?".

3. Para não ser inconveniente, o segredo está em, antes de se conectar, entender se faz sentido.

4. Quanto mais genérica a comunicação, menor a conexão. Quanto mais personalizada, maior a conexão.

QUANTO MAIS GENÉRICA A COMUNICAÇÃO, MENOR A CONEXÃO. QUANTO MAIS PERSONALIZADA, MAIOR A CONEXÃO

NÃO FAÇA NETWORKING | Marcus Vinicius Freire

Capítulo 11

COMO "QUEBRAR O GELO" E GERAR IDENTIFICAÇÃO

"Quando todos estão pensando igual, ninguém está pensando."

– Walter Lippmann

Quando o ex-presidente dos Estados Unidos Barack Obama veio ao Brasil para um evento em cuja plateia estive, perguntaram para ele: "Você tomou as decisões mais difíceis do mundo nos seus dois mandatos. Como faz para agir nas situações mais delicadas?". Sua resposta foi mais ou menos assim: "Tomo decisões após ter o máximo de informações possível, ouvindo as pessoas de perfis mais diferentes que eu conseguir, diferentes pontos de vista, diferentes idades, diferentes formações etc. Estarei, então, munido do máximo de informações diversas que puder e consciente de que o timing da tomada de decisão também deve ser levado em conta...".

Existem pessoas com diferentes religiões, formas de se alimentar, orientações sexuais... Com todas elas você tem o que ouvir, aprender e trocar. Portanto, é necessário ampliar as conexões, rompendo muros que separam os diferentes. O mundo caminha para uma diversidade cada vez maior, e, se você quiser se expandir, precisa circular e se relacionar num contexto maior. Procure construir várias verticais de relacionamento. Ou seja, criar conexões nas mais diversas áreas. Comecei fazendo isso naturalmente. Primeiro veio a ligação com os colegas de escola; depois, o esporte, dentro do voleibol. E então fui somando faculdade, televisão, mercado financeiro, futebol, eventos, todos os esportes, entretenimento, digital, tecnologia. Hoje vejo que essa chance de escutar tantas vozes e sentar-me à mesa com pessoas

É NECESSÁRIO AMPLIAR AS CONEXÕES, ROMPENDO MUROS QUE SEPARAM OS DIFERENTES. O MUNDO CAMINHA PARA UMA DIVERSIDADE CADA VEZ MAIOR

NÃO FAÇA NETWORKING | Marcus Vinicius Freire

tão distintas me ajuda a melhorar como pessoa a cada dia e a me relacionar cada vez melhor com mais gente diferente.

MEU EXEMPLO DE LEQUE DE CONEXÕES

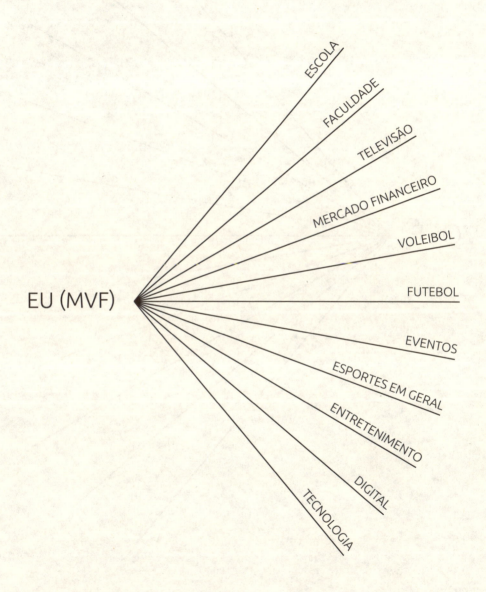

AGORA, MONTE SEU LEQUE DE CONEXÕES

VOCÊ

Quanto mais você se livra de preconceitos, mais torna a sua rede rica e inclusiva. Mais pessoas, mais gente pensando e agindo diferente, mais possibilidades. Sem contar que a sua cabeça se abre, e você passa a ver o mundo de uma maneira muito mais empática. Tudo isso favorece mais e mais conexões e relações genuínas. Precisamos nos interessar pelos outros e por todos os tipos de outro.

Se você quer se conectar, procure temas que gerem união, e não confusão. Quando estou montando uma palestra ou uma reunião, a primeira coisa que faço é estudar para ver a identificação que posso estabelecer com essas pessoas. Se é um público da área de educação física, costumo dar um foco maior às histórias da minha vida ligadas ao esporte. Se na plateia estão executivos que vivem viajando, pode ser interessante eu incluir um *case* sobre alguma experiência em um país bem diferente por onde passei. Isso vale também para contatos um a um. Para achar esses pontos, que chamo de quebra-gelo, vale pesquisar seu interlocutor antes do encontro e observá-lo durante a conversa. E sabe o que você ganha com esse cuidado? Credibilidade, que é algo importantíssimo para começar uma relação verdadeira. "Quando você estiver falando, saiba a quem está se dirigindo, isso gera credibilidade", é o que diz Angelika Blendstrup, coautora do livro *Getting to Wow!: Silicon Valley Pitch Secrets for Enterpreneurs* (em livre tradução para o português, Chegando ao uau!: segredos do pitch do Vale do Silício para empreendedores).

Antes da minha primeira reunião com a Camila Farani, nossa mais recente sócia no Play9, descobri que ela estudou no Colégio Militar do Rio de Janeiro, assim como eu. Pensei "já vamos ter um link direto". Não bastasse um, descobri que temos a paixão pelo esporte como mais um ponto de identificação. Ela tinha sido uma ótima jogadora de handebol e continuava apaixonada pelo esporte e seguindo a seleção brasileira feminina da modalidade em todos os campeonatos.

Outro dia, numa reunião com um prospect, entrou no Zoom um gerente da empresa com uma cuia de chimarrão na mão. Com ele foi fácil engatar o papo falando da nossa terra, o Rio Grande do Sul. Aliás, essa lógica do quebra-gelo funciona para qualquer tipo de conexão que você queira estabelecer. Encontrar pontos de coincidência entre você e o outro – seja ele muito diferente ou não – é uma forma de desarmar, desbloquear o contato e se conectar com a versão mais autêntica da pessoa. Um bom jeito de iniciar uma conexão genuína.

Prepare-se para encontrar-se com alguém que você não conhece, faça a lição de casa e use a tecnologia a seu favor, procurando mais informações sobre ele em LinkedIn, Instagram ou Wikipedia. Onde estudou, trabalha ou a qual trabalho voluntário está conectado, quem são os amigos em comum?

PLANO DE AÇÃO PARA QUEBRAR O GELO

Aqui incluo uma lista de informações que podem ajudá-lo a demonstrar interesse e vontade de se conectar com uma pessoa ou com uma plateia (sim, isso também vale para criar empatia com um público maior numa palestra ou apresentação de vendas, por exemplo):

- Descubra onde a pessoa trabalhou ou estudou e veja se há algo que se conecte com você.

- Quem podem ser seus amigos em comum? Vale a pena fazer essa reflexão e encontrar os pontos de interseção.

- Tente saber, de antemão, qual é a cidade ou o país de nascimento da pessoa.

- A origem do sobrenome da família também pode ser um quebra-gelo, seja por uma ascendência em comum, seja por você conhecer alguém com o mesmo sobrenome.

- Esporte que gosta de praticar. Esse é um clássico, porque esporte está sempre conectado à paixão da pessoa, e, com isso, vem um monte de ganchos e histórias.

- Procure saber se a pessoa já participou como voluntária de alguma ONG ou que causas defende.

- É péssimo fisionomista? Treine isso. Em alguns momentos, "pega bem" você saber quem são algumas figuras – especialmente quando elas se consideram conhecidas o suficiente do público em geral (ou no meio em que atuam) para serem reconhecidas. Na hora de pesquisar a pessoa na internet, você também pode encontrar fotos dela. Assim, chegará ao café ou à reunião sabendo quem é quem. O quebra-gelo ficará bem fácil.

Capítulo 12

A ARTE DE CONSTRUIR PONTES

*"A mais bela tarefa do ser humano
é a tarefa de unir as pessoas."*

– Antoine Saint-Exupéry

Não me considero habilidoso em nada especificamente. Nem o maior jogador de vôlei, nem um megaespecialista em seguros, nem o fera em entretenimento. Muito menos um expert em criação de conteúdo. O que eu faço de melhor é treinar e empoderar as pessoas do time. Tecnicamente, me vejo hábil nesse negócio de me cercar de pessoas boas, conectá-las e gerenciá-las para que cresçam e se desenvolvam. Justamente por gostar de criar essa rede de conexões e fazê-la funcionar, tive uma trajetória profissional diferente. O normal é a carreira em Y, em que, depois de passar pelas áreas técnicas, o caminho é a gestão, como executivo, diretor, presidente... Para quem não quer cargos de gestão, a opção é se tornar especialista. Fui pela terceira via, porque fui levado pelas pessoas. Com a facilidade de fazer conexões, sempre tive portas abertas para migrar de uma área para outra. De uma quadra para um banco. De um ambiente olímpico para um ambiente de influenciadores digitais. Talvez tenha virado um polímata, palavra de origem grega que tem como significado literal "aquele que aprendeu muito". O termo se refere a uma pessoa cujo conhecimento não está restrito a uma única área. Em um uso menos formal, um polímata pode referir-se simplesmente a alguém que detém grande conhecimento sobre diversos assuntos. Ou, como me ensinou meu amigo Arnon Mello, vice-presidente da NBA América Latina: "Alguém que sabe muito pouco sobre muitas coisas. Como nós dois!".

Por não passar décadas na mesma área, entendo que não virei especialista em nenhum assunto específico, mas fui construindo um legado cada vez mais forte no que diz respeito a rede de contatos. Estar conectado e ter acesso aos mais diversos tipos de pessoas não favorece apenas a minha trajetória, pois não tem um propósito individualista. Pelo contrário. Impacta todas as pessoas que estão nessa rede. Esse é o grande barato do networking como estilo de vida: você faz não apenas para si mesmo. Você expande e usa esse poder da conexão para ajudar as pessoas a chegarem mais longe também.

A minha amiga Carul Luz foi secretária-executiva durante a maior parte da sua vida profissional e sempre construiu um excelente relacionamento com todos à sua volta, inclusive com os amigos dos chefes, eu sendo um deles.

Isso foi possível porque sempre houve uma relação de cooperação e ajuda mútua.

Ela lembra orgulhosa quando ganhou de presente de despedida, de um dos sócios da empresa, um livro da Relais Chateaux, com a mensagem: "Se precisar falar com qualquer estabelecimento deste livro, fale em meu nome" – ou seja, ela foi não só apresentada, mas também recomendada, conseguindo fazer contatos no seu novo negócio com propriedades que tinham o selo Relais Chateaux na França, na Argentina e no Chile.

O relacionamento que ela criou ao longo dos anos ajudou na construção de pontes que impactaram o sucesso de seu negócio. Carul vê isso como resultado de uma relação de confiança, parceria e respeito.

O que proponho é que você faça o mesmo. Use seu patrimônio de relacionamentos de forma orgânica, criando conexões para ser um facilitador para a vida de quem está ao seu redor e ao redor deles.

Isso porque cada ser humano nada mais é do que uma ponte e uma peça importante para aumentar as possibilidades de construção de coisas boas – projetos, empresas, iniciativas que podem mudar o mundo. No Instagram, me chamou a atenção um story da chef Lili Almeida em que ela citava Hermógenes: "Quando eu disse ao caroço de laranja que dentro dele dormia um laranjal inteirinho, ele me olhou estupidamente incrédulo". Faço um paralelo com esse conceito de pontes. Muitas vezes não temos noção de até onde as nossas pontes podem nos levar, muito menos de quantas pessoas podem atravessá-las e chegar longe, muito mais longe do que se fossem sozinhas. No story da Lili, ela ainda diz: "Toda vez que você tiver a oportunidade de fazer alguém se sentir especial, faça! Quando a gente acende a lâmpada pra outra pessoa, nossa chama fica imensa, porque quem acende a luz é o primeiro a se beneficiar da claridade". A chef se intitula como cozinheira e comunicadora. Mas prefere se apresentar como uma mulher baiana que trabalha todos os dias para ajudar quem cruza seu caminho a encontrar sua luz própria. E, assim, poder também iluminar todos à sua volta. Não tenho dúvidas de que ela é uma construtora de pontes!

Quando você fica antenado não apenas em como pode se beneficiar das relações, mas também em como pode conectar pessoas para que elas gerem valor sem, necessariamente, ter envolvimento direto nisso, você faz um bem para a sua comunidade, sua sociedade. Colocar-se a serviço das pessoas para que elas se conectem e se conheçam é refinamento do networking. Expandindo seus contatos, você não apenas causa mais impacto positivo no mundo como também recebe esse impacto de volta. É um efeito de ação e reação. Veja alguns dos efeitos e sentimentos que você gera ao se tornar um construtor de pontes:

CADA SER HUMANO NADA MAIS É DO QUE UMA PONTE E UMA PEÇA IMPORTANTE PARA AUMENTAR AS POSSIBILIDADES DE CONSTRUÇÃO DE COISAS BOAS

NÃO FAÇA NETWORKING | Marcus Vinicius Freire

Gratidão: grande parte das pessoas que você ajudar com uma conexão para algo que gostariam de realizar será grata e sempre uma referência positiva de seu modo de auxiliar os outros.

Pertencimento: você se sente parte, ainda que espectadora, de negócios, projetos, amizades – quem sabe até de casamentos – que tiverem a sua mão ligando as pessoas.

Reciprocidade: quem abre portas certamente terá portas abertas. Pessoas ajudadas se sentem mais propensas a ajudar quem contribui para o sucesso delas. Você dificilmente se sentirá sozinho ou sem ter a quem recorrer.

Felicidade: somos seres sociais que precisam dessa troca entre pessoas para ter bem-estar. Fazer parte de um grupo, ser lembrado, estar inserido é algo que faz tudo ter mais sentido.

Impacto: unir pessoas é uma forma de catalisar ações coletivas ou colaborativas que talvez elas sozinhas não conseguissem ou não fizessem de forma tão grandiosa ou com tanto alcance.

Quanto mais pessoas você envolve em sua rede, mais você gera esses sentimentos e efeitos. E conforme as pessoas vão sendo conectadas pelas pontes que você constrói, elas também vão construindo novas pontes. Cada nova ponte torna essa rede mais forte. Ao disseminar o espírito de colaboração entre as pessoas, você permite – e incentiva – que cada uma delas se torne uma disseminadora também.

Meu filho, Lucca Freire, escreveu um artigo sobre o funcionamento do *blockchain* da moeda virtual Bitcoin e me chamou a atenção para a mesma lógica acontecendo. Como forma de aumentar a segurança da rede de pagamentos contra hackers, qualquer um pode fazer o download do software do Bitcoin gratuitamente e manter uma cópia do *blockchain*. "O fato de todos os computadores conectados à rede terem uma cópia do *blockchain* completo faz com que o complexo não morra, mesmo se uma autoridade central desligar ou desconectar um grupo de indivíduos", explica Lucca. Dessa forma, quanto maior o número de pessoas na rede do Bitcoin, mais forte é o próprio Bitcoin. E mais difícil de ser hackeado. A mesma coisa vale para as pessoas: quanto mais você gera conexões entre elas, mais elas geram valor para mais pessoas e ficam mais potentes. É o poder coletivo das conexões. Para acioná-lo, basta um download no seu "software" pessoal da postura de colaboração.

GRÁFICO CONSTRUINDO PONTES

O intuito do gráfico a seguir é mostrar como as conexões se ampliam quando você constrói pontes. Na imagem 1, temos uma pessoa com suas conexões. Na imagem 2, temos a pessoa construindo pontes entre as suas conexões. Cada linha que liga dois pontos é uma ponte. E vemos que, a cada ponte construída, é formado um círculo cada vez mais longe de você – essa é a ideia de jogar a pedrinha no lago e ir expandindo cada vez mais sua rede e o impacto que ela causa.

Marcus Vinicius Freire

IMAGEM 1

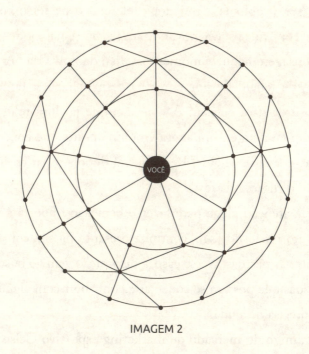

IMAGEM 2

ABRA SUA AGENDA DE CONTATOS

Pouco tempo atrás, aconteceu uma situação bem diferente. Fomos ao aniversário de uma amiga da Claudia, minha cara-metade, mas chegamos muito cedo, e logo depois um casal que não conhecíamos sentou-se em uma mesa muito próxima à nossa. Foi inevitável ouvir a conversa com a anfitriã: "Sabia que minha filha de dezoito anos vai se casar?", contou o homem. "A família do noivo quer fazer a festa no Copacabana Palace, mas eu gostaria de ter um show diferente para fechar a festa". Eu ouvindo tudo e me segurando para não ser cara de pau. Queria sugerir o pocket show do meu querido amigo Toni Garrido! Até que o cara disse: "Quem eu queria mesmo chamar era aquele vocalista do Cidade Negra". Aí não me aguentei e falei: "Está resolvido seu problema". Trocamos telefone e passei o contato do agente do Toni, que estava gravando o *The Voice* e não pôde responder minha mensagem naquele momento. O pai da noiva ria pra caramba. Acho que de felicidade por tamanha coincidência, e também pela minha absurda cara de pau! A conexão, que já dura mais de vinte anos, com meu amigo Toni agora vira uma ponte que conecta a vida de pessoas e traz felicidade. Reencontrei depois o pai da noiva, que me contou o sucesso da festa!

Aquela atenção plena para fazer o bem não importa a quem, da qual falei no início do livro, continua presente na sua construção de pontes entre as pessoas. Nesse caso, a disposição vem ao buscar no cérebro pessoas que possam se conectar e contribuir com alguém da sua rede que precisa de ajuda.

Meu amigo do mercado de marketing esportivo Celso Schvartzer viveu a experiência de ter sido lembrado por um colega e, décadas depois, continua sendo grato. Em 1985, ele trabalhava em uma grande produtora mundial de cigarros que patrocinava o Mundial de Motocross. Em certa ocasião, marcou uma conversa com o gerente de promoções e eventos da Honda, já que os dois eram patrocinadores da primeira prova do Mundial de Motocross em Nova Lima, Minas Gerais. Seria um encontro de relacionamento. Estavam hospedados no mesmo hotel em Contagem e foram tomar um café. Alguns anos depois, esse gerente saiu da Honda e acabou sendo contratado pela Coca-Cola como gerente de promoções e eventos. Em 1993, Celso o reencontrou quando foi contratado pela Coca-Cola para assumir o cargo do colega que estava sendo promovido para a área de produtos. Em 1998, mais uma vez se conectaram quando esse conhecido ligou para ele dizendo que, por conta das demandas de trabalho, não podia mais dar aulas de Marketing na FGV e que o havia indicado para o cargo. Celso foi, então, convidado por ele para substituí-lo como professor no MBA de Marketing em promoções e eventos. Ele se sentiu lisonjeado pela lembrança e conexão espontânea e até hoje é imensamente grato por isso.

Fazer o bem por meio de pontes não tem preço para quem faz nem para quem recebe, e ainda fortalece as conexões. Não importa a distância ou a frequência com que você consegue encontrar as pessoas. Não é necessário estar todo fim de semana com alguém para ter uma forte ligação e para que haja uma relação de troca e amizade. Bastam atitudes pontuais que demonstrem que, naquela relação, há sempre um laço de bondade, reciprocidade e vontade de ajudar. Normalmente, isso acontece quando cada pessoa faz o seu melhor, atua da melhor maneira na vida. Pessoas que dão o seu melhor para o mundo são lembradas

PESSOAS QUE DÃO O SEU MELHOR PARA O MUNDO SÃO LEMBRADAS E INDICADAS

NÃO FAÇA NETWORKING | Marcus Vinicius Freire

e indicadas. Esse mesmo Celso me ajudou a abrir os caminhos para nossa empresa Play9 em Portugal, onde mora hoje.

Por um bom tempo fui jogador de vôlei profissional. Só no time do banco Bradesco foram seis anos. Mantive um relacionamento de amizade com o Antônio Carlos Almeida Braga, maior acionista do banco na época. Braguinha, como era conhecido, morreu em 2021, com quase cem anos. Um dia, em 2009, o Braga me ligou e contou que o seu genro Arnon de Mello e sua filha Joana estavam mudando-se de volta para o Brasil. Eu nunca tinha visto o Arnon na vida até então. Braga me perguntou se eu poderia receber seu genro no COB, onde eu era diretor-executivo de esportes. Claro que sim! Eu o recebi e, em cinco minutos, Arnon já tinha virado "melhor amigo de infância". Ele me contou que estava trazendo um novo negócio para o Brasil, na área do mercado financeiro, após ter estudado nas melhores universidades americanas. Passados uns seis meses da nossa conversa, um diretor da NBA (liga profissional de basquete dos Estados Unidos) entrou em contato comigo para sondar se eu teria um nome a indicar para liderar o projeto da NBA no Brasil. Pensei e indiquei dois nomes. Apesar de ter ficado muito impressionado com o currículo do Arnon, não o indiquei, pois não imaginava que ele fosse se interessar por trabalhar com esportes. Passaram-se umas três semanas e o amigo da NBA me ligou de novo. "Marcus, tem um candidato aqui que não é nenhum dos dois que você indicou, mas ele colocou você como referência, o Arnon de Mello." Respondi: "Cara, se eu soubesse que o Arnon estava disposto a trabalhar no mercado esportivo, teria contratado ele para o COB!". Vinte e quatro horas depois, o Arnon me ligou: "Fui contratado pela NBA!". Perdi um excelente executivo, mas ganhei um enorme amigo até hoje. Arnon lidera a NBA no Brasil desde 2012. Em 2015, passou a comandar as operações da liga em toda a América Latina. E aí as consequências disso vêm em série. Em 2014, a NBA organizou um jogo de pré-temporada no Rio de Janeiro. Meu sobrinho e afilhado, que naquela época jogava basquete, queria muito ir ao jogo. Liguei para o Arnon para ver se ele conseguiria um par de ingressos para irmos ao jogo. "Ingresso, não, o seu sobrinho vai ser o boleiro do jogo do LeBron James/Miami Heat contra o time do brasileiro Anderson Varejão/Cleveland Cavaliers." Você não pode imaginar o nível de felicidade desse garoto. Foi o melhor dia da vida dele. Histórias como essas acontecem com alguma frequência.

Construir pontes é uma arte, porque requer uma percepção apurada do contexto. Até porque uma conexão genuína é um bem muito valioso para se perder por uma decisão errada. Conto a você os pontos para levar em consideração ao pavimentar as vias de contato entre as pessoas da sua rede:

1. **Preserve – sempre – a sua credibilidade**

    Acostume-se a não perder as oportunidades de ajudar as pessoas que merecem, e os desdobramentos dessa atitude acabarão sendo naturais. Faça isso sem expectativa alguma quanto aos resultados. Apenas com foco na ajuda. E na responsabilidade. Um dos critérios que você deve levar muito a sério para fazer pontes é a pertinência dessa ponte. Em outras palavras, conecte pessoas que se permitam ser conectadas. Recomende pessoas que realmente estejam aptas para fazer o que uma vaga, por exemplo, requer. E interceda por alguém, pedindo um convite, por exemplo, se souber que aquilo realmente terá sentido ou fará diferença na vida da pessoa. Tenha o mesmo cuidado com a agenda de contatos. "Marcus, me passa o telefone do Fulano? Tem o contato do Sicrano?" Primeiro, procure entender para quê. Se achar que não faz sentido, diga na mesma hora. Se fizer, diga que vai falar com a pessoa e pedir autorização. Ser transparente é essencial. Ainda que, em alguns casos, haja gente que possa não gostar ou achar que você está de má vontade. Não é nada disso! Para fazer pontes bem estruturadas, que se mantenham de pé, você precisa primar pela sua credibilidade, mostrando que quer o benefício de todos com a conexão. Pense se haverá um ganha-ganha e depois confirme com a parte a ser abordada se também faz sentido para ela.

2. **A segunda resposta melhor do que um "sim" é um rápido "não"**
Existe uma máxima que diz: "Cuidado ao queimar pontes, pois nunca se sabe quantas vezes terá de atravessar o mesmo rio". Dizer "não" também faz parte de um relacionamento transparente, e você não precisa se sentir constrangido por isso. Não enrole e não minta quando souber que não será possível conectar. Sei que nem sempre o "não" é bem recebido, mas há casos em que é necessário – ou você fechará portas para momentos futuros em que a conexão será relevante. Só você pode cuidar da sua reputação.

A melhor maneira de dizer não é explicando a razão, claramente. Assim você demonstra cuidado ao fazer conexões. Não tenha dúvidas de que as pessoas percebem isso e ficam mais abertas às pontes que você quer fazer. Quem fez o pedido vai ver que não é falta de generosidade e que existe coerência. Sei que nem sempre é fácil dar uma negativa. Mas, em alguns casos, é o melhor a fazer. Digamos que uma pessoa queira muito determinada vaga em uma empresa. E você tenha o contato direto de quem contrata. Se você não acredita que ela seja a pessoa certa para aquela vaga, como vai seguir com isso? Se alguém pedir para ser convidado para um show ou uma festa de amigo seu, avalie se faz sentido. Se é alguém que está visitando a cidade e perdeu a oportunidade de comprar o ingresso, se é uma situação em que a pessoa realmente precisa ou merece estar lá, se acabaram os ingressos na bilheteria e ela não teve a chance de comprar, maravilha. Se existe uma justificativa plausível, siga em frente e tente construir essa ponte. Caso avalie que não faz sentido, opte pelo "não", sem constrangimento. Como diz meu amigo Bernardinho Rezende, treinador multicampeão: "Sentir-se triste após tomar uma decisão não significa que a decisão foi errada".

3. **Sua ponte pode não dar certo**

Você tem que estar no jogo também para perder, ter crises, e uma conexão que você fez acreditando que daria certo pode acabar sendo uma furada para as pessoas envolvidas. Isso já aconteceu comigo, e fiquei muito constrangido. O que fiz em seguida foi escrever uma longa carta para os amigos envolvidos, com meu pedido de desculpas. Fiz questão de deixar claro o quanto prezo a amizade deles e o quão mal estava por aquilo não ter dado certo. Era o mínimo que eu poderia fazer. E é assim que se cuida dos relacionamentos. Fazer tudo para salvar uma conexão genuína é o mínimo nesses casos.

4. **Ser uma ponte de juntar "diferentes"**

Em 2019, recebemos um convite de especialistas em China a fim de nos reunirmos a um grupo de criadores de conteúdo brasileiros para visitarmos as empresas desse nicho no mercado chinês. Fomos conhecer os gigantes TikTok, Kwai, Alibaba etc. Voaram para lá Camila Coutinho (especialista em moda e beleza), Rita Lobo (gastronomia), Konrad Dantas (Kondzilla Network, de música), Lucas Marques (Meliuz), Gabriel Chalita (professor, escritor e filósofo), Ronaldo Lemos (tecnologia e direito), Leo Caldas (videomaker), Isabela Martins (Localiza) e Claudia Liechavicius (viagens e turismo), minha mulher! E o timaço da plataforma Gabriel (Otavio Miranda, Erick Coser e Eduardo Cavalieri), que foram os nossos anfitriões lá. No aeroporto, ainda no Brasil, fiz o que sei fazer de melhor e é mais forte que eu: dei um jeito de aquelas pessoas de mundos tão diferentes, que não se conheciam, se integrarem e se tornarem um grupo. Quando chegamos à China, como eu já conhecia o país, logo no primeiro jantar sugeri o local. Sempre com o meu componente cara de pau acionado, mas também com a intenção principal de ajudar e evitar que as pessoas caíssem em roubadas. Quando vi, já tinha virado meio que o guia do grupo. Talvez fazer isso seja natural para mim, depois de anos como diretor do COB. Quando vejo, já assumi o papel do chefe da delegação. A viagem foi o começo de um grupo totalmente diverso, mas que até hoje se fala. Alguns personagens até fizeram negócios a partir da conexão que tiveram. Temos um grupo de WhatsApp, e volta e meia sou eu quem "cutuca" todos para reaquecer a conexão, que foi tão forte na viagem. Faço uma piada, brinco com alguém, mando uma foto da viagem… com o intuito de gerar conversa e aquecer esse relacionamento. Faço a *lifelong connection* para todos. Há pessoas ali que não vejo desde a viagem, mas que continuam próximas por essas conversas trocadas entre os treze. Alguns passaram a frequentar nossa casa e nossas vidas.

5. **Fazer trabalho voluntário**

Considero o ato de servir uma graça, porque é uma oportunidade que temos de beneficiar as pessoas pela simples vontade de fazer o bem, de ajudar, de abrir caminhos. É diferente de algo que você faz para obter prazeres ou benefícios para si próprio. Você pode servir qualquer pessoa da sua rede criando pontes, mas há uma modalidade pela qual tenho um carinho especial: o voluntariado.

Pode ser que você tenha, assim, como eu, o caminho para ajudar muita gente, fazendo pontes, e esteja guardando tudo isso para si mesmo. Convido-o a se colocar a serviço sendo ponte, e sua vida ganhará um sentido muito maior.

No livro *De porta em porta*, do apresentador Luciano Huck, há uma citação do rabino Nilton Bonder com a qual concordo muito: "A vida tem uma outra dimensão a explorar, que é servir". Uma das experiências que tenho nessa área é como conselheiro voluntário da Make-a-Wish Brasil, que tem uma causa linda e cheia de sensibilidade: realizar os sonhos de crianças com doenças graves. Meu papel é manter-me à disposição para acessar a minha rede de relacionamentos a fim de conseguir realizar esses desejos. Em um deles, em junho de 2022, contei com a ajuda da minha amiga campeã mundial e medalhista olímpica de vôlei de praia Adriana Behar, então CEO da Confederação Brasileira de

Voleibol (CBV), para que uma dessas crianças pudesse assistir a um jogo da seleção brasileira de vôlei na Liga Mundial e estar próxima das jogadoras que ela tanto admira. O mais interessante desse trabalho é que o ganha-ganha é garantido. Muitas vezes, vejo que as pessoas que fizeram a diferença para uma criança, sem ganhar nada em troca, se sentem muito mais felizes e são gratas pela oportunidade. Para mim, isso é uma prova de que o ser humano veio ao mundo para servir.

6. **Compartilhe seu conhecimento**
Outra maneira de conectar pessoas e se doar para o mundo é dividindo conhecimento por meio de palestras, treinamentos, mentorias e toda forma de compartilhar informação. Tenho vivido essa experiência em uma ONG em que eu mentoro líderes comunitários, a Gerando Falcões. A partir dela, tive a oportunidade de mentorar o líder de uma comunidade de Santa Filomena, no Jangurussu, bairro da grande Fortaleza. Nessas situações, fica muito mais claro ver como a nossa capacidade de fazer pontes pode modificar a vida de uma pessoa. Consegui fazer com que ele voltasse a estudar depois de quatro anos, por meio de uma nova ponte com meu amigo Daniel Pedrino, CEO da Faculdade Descomplica, que conseguiu uma bolsa completa para o curso de Gestão. Isso não tem preço.

Um grande exemplo quando se trata de fazer pontes por meio do conhecimento é meu querido amigo há mais de vinte anos Waldyr Soares, pioneiro e referência no mercado de educação física no Brasil. Ele começou a atuar nessa área há quarenta anos e vem construindo pontes que possam proporcionar educação de ponta a todo o ecossistema desse setor. Conectou-se no mundo por meio de parcerias com os maiores centros de fitness e bem-estar do mundo, trazendo para o Brasil todos os últimos lançamentos de programas mundiais da prática da atividade física. Foi fundador do Fitness Brasil, que já capacitou mais de duzentos mil jovens. Pense no tamanho do impacto dessa iniciativa e na quantidade de pontes que foram possíveis a partir dela! Soares sempre foi uma pessoa inspirada, visionária e motivada a impactar a vida das pessoas. Tanto é que recentemente, aos 81 anos, partiu para mais uma jornada empreendedora criando a Humana Academy, que será a evolução do personal trainer para o *personal lifer* – transformando os profissionais da educação física no que chama de Doutores do Bem-Estar. Nas palavras de Waldyr: "Do alto dos meus 83 anos, posso dizer que o grande aprendizado da vida é de pontes que sempre terão de ter, nos seus alicerces, insumos básicos de humildade, desprendimento, alegria na entrega e paixão no coração por parte do construtor. Sempre com o objetivo de unir seres humanos, abrindo novos caminhos com novos olhares".

DICAS PARA MANTER AS PONTES FUNCIONANDO NO DIA A DIA

1. **Responder de forma rápida** chamadas, e-mails ou mensagens, mesmo se a resposta for NÃO. Evite deixar as pessoas esperando. Isso é sinal de respeito e consideração. Você cria relações genuínas com transparência e prontidão e alimenta uma relação próxima com as pessoas.

2. **Lembrar datas e pequenas vitórias,** e disparar algo que pode ser uma mensagem, uma lembrança ou um presente. Em outras palavras, pratique a generosidade de fazer homenagens às pessoas. Você gera um fluxo de energia positiva e gratidão.

3. **Servir a qualquer momento,** colocar-se à disposição sempre. Dessa forma, as pessoas sabem que podem contar com você e terão seu nome no radar.

4. **Dividir conhecimento,** fazer circular suas experiências, vitórias e derrotas. Não se feche em seu mundo. Certamente, você tem bastante a compartilhar, e o que você sabe pode ajudar muita gente a crescer. As pontes construídas por meio do conhecimento que você transfere são as mais sólidas que podem existir.

5. **Identificar-se** e aproximar-se todo dia; você sempre tem algo em comum com alguém. Quebre o gelo nas relações procurando pontos em comum. Ao gerar esses pontos de conexão, você torna suas pontes vias largas e de fácil acesso.

6. **Praticar a humildade.** Escutar o outro e perguntar o que não sabe, dar oportunidade para o outro ser protagonista. Em outras palavras, deixar as pessoas brilharem, mostrando interesse pelo outro. Estudar quem você vai encontrar. As pessoas se abrem quando percebem que você tem esse cuidado, esse carinho de procurar saber quem elas são. Em tempos tão corridos e individualistas, isso é um diferencial. Vale também treinar sua memória visual; pessoas gostam de ser reconhecidas.

7. **Construir a ponte da ponte**, criar sua teia de conexões sendo amigo do amigo do seu amigo. Não se limite! Sempre há novas pessoas e conexões a fazer. Esteja aberto para encontrar afinidades e criar novos laços. Dessa forma, sua vida se tornará cada vez mais cheia de pessoas que podem contar com você, e vice-versa. E seu mundo ficará muito mais cheio de amigos.

Capítulo 13

POR UMA VIDA COM MAIS SENTIDO, MAIS PRÓSPERA E MAIS DIVERTIDA

*"Não há nada que admiro mais que alguém
que plante uma árvore em cuja sombra possa
nunca chegar a sentar-se."*

– Do filme *Hotel Marigold*

Você pode optar por uma vida sem conexão ou uma vida conectada. Convido-o a pensar em quantos momentos você poderia fazer muito mais conexões do que faz... Em quais situações está perdendo a oportunidade de fazer conexão e tudo o que ela traz de bom? Você vai receber mais desejos sinceros de bom-dia – quem sabe até o seu cafezinho saia mais fresco! Falando sério, há muito mais do que isso.

As pessoas vivem se perguntando o que é sucesso. É ter amigos, é ter dinheiro? Eu me identifiquei na hora quando me deparei com o que diz o filósofo e professor Mario Sergio Cortella sobre o caminho para ter um passado honroso e, depois de trinta ou quarenta anos, poder olhar para trás com orgulho do que você construiu. Ele indica uma trilha virtuosa, que inclui:

- generosidade mental, que é ensinar o que se sabe;
- coerência ética, ou seja, praticar o que se ensina; e
- humildade intelectual, perguntar o que se ignora.

Criar conexões genuínas tem tudo a ver com essa trilha virtuosa, porque é algo que você faz automaticamente, quando ninguém está olhando. Para fazer networking como estilo de vida, você acaba ensinando o que sabe, porque precisa falar sobre o que conhece para se conectar e gerar valor para o outro. Quando você entrega conhecimento pela simples intenção de ajudar, de fazer o outro evoluir ou até mesmo cortar caminho, faz os seus aprendizados circularem.

Ao ter coerência entre o que diz e faz, constrói a tal da credibilidade para levantar pontes sólidas. Isso cria confiança, que resulta em conexões genuínas, em laços que não se desfazem à toa. E ter humildade intelectual envolve ouvir mais do que falar, porque os donos da verdade acabam ficando isolados em ilhas, ignorando toda a riqueza da troca diária que conecta as pessoas e enriquece nossa vida.

Ao criar pontes, você satisfaz o propósito de ser relevante e parte do sucesso dos outros. O meu amigo Flavio Canto, judoca medalhista olímpico, fundador e gestor da ONG Reação, que leva esporte e educação a várias comunidades de Rio de Janeiro, Mato Grosso, Rio Grande do Norte e Minas Gerais e já impactou mais de vinte mil crianças desde 2003, resume sucesso desta forma: "Sucesso, pra mim, está ligado à quantidade de pessoas que você impacta por onde passa. O Reação é a melhor parte da minha vida".

Não há realização maior do que impactar positivamente a vida de alguém. Quando você descobre a satisfação disso, é um caminho sem volta. Torna-se um estilo de vida. Você acaba automaticamente visualizando situações em que pode juntar pessoas e isso ser bom para todos. Ter esse *drive* de colaborar para coisas legais acontecerem permite um círculo virtuoso de gratidão estimulante. Faz com que cada vez mais pessoas da sua rede queiram contribuir para manter as suas pontes firmes e faz com que elas cheguem cada vez mais longe. Além de ter satisfação e impactar a vida de alguém, você cultiva uma rede que também vai impactar positivamente sua vida. Você deseja o bem, e o bem te deseja também.

NÃO HÁ REALIZAÇÃO MAIOR DO QUE IMPACTAR POSITIVAMENTE A VIDA DE ALGUÉM

NÃO FAÇA NETWORKING | Marcus Vinicius Freire

Beto, meu irmão, no meio da pandemia, achou uma carta que eu tinha mandado para ele logo quando me mudei de Porto Alegre para o Rio de Janeiro, em 1981, com apenas dezoito anos, para iniciar minha primeira carreira, como jogador profissional de voleibol. Basicamente eu dizia que estava com muitas saudades e que esperava conseguir aproveitar a oportunidade de, por meio do esporte, conhecer muitas pessoas, cultivar novas amizades e viajar por vários países diferentes. Parecia que eu estava prevendo o que aconteceria na minha vida. Toda intenção acaba virando uma ação. Isso vale para tudo na vida, principalmente para conexões entre pessoas. Hoje já rodei por mais de cem países e deixei lindas amizades e muitas conexões por todos eles.

Quando você se conecta de verdade com as pessoas e cria pontes entre elas, essa junção de energias é capaz de tornar possível o impossível. Relacionamentos de verdade trazem benefícios para uma vida inteira. Trazem carinho, consideração e despertam o melhor do ser humano. O bem que você faz volta para você. Eu me lembro de quando pedi para dois craques do nosso time Play9, o Leo Pomposeli e o Rafa Vieira, uma indicação de um *freelancer* para filmar uma palestra online que eu estava montando. E ouvi de volta: "De jeito nenhum! Não vamos indicar ninguém! Se é pra você, nós mesmos fazemos!". Fizeram questão de cuidar de todo o material. Em nome da nossa história, das nossas trocas de experiências por mais de três anos dentro da nova empresa. É uma honra viver situações que o dinheiro não paga. A conexão genuína extrapola as barreiras do negócio.

O segredo do sucesso está diretamente relacionado às pessoas com quem convivemos. Conviver com profissionais inspiradores é uma oportunidade que qualquer um tem para aprimorar ideias e fazer crescer o seu potencial. Networking é sobre agregar ideias, valores, ajudar e aprender.

Procure fazer as conexões e trazer luz para pessoas e situações que você pode conectar de uma forma que faça sentido e seja boa para todo mundo. O universo tem muitas possibilidades. E você pode ajudar algumas dessas possibilidades a acontecerem. Todos nós podemos ligar a luzinha da construção de novas pontes.

Se você quiser ir mais rápido, vá sozinho, mas, se quiser ir mais longe, vá com alguém. Integre-se no mundo e de maneira mais presente na vida das pessoas. Ajudar o próximo, que é a lei de tantas religiões, é o caminho para a felicidade e a realização. Fazer-se presente, auxiliar e contribuir com a sua parte no mundo das pessoas é o melhor estilo de vida. Faça isso, de preferência, com um sorriso no rosto, que é o mais eficiente quebra-gelo que existe e uma forma universal de criar uma conexão positiva. Nós nos encontramos em alguma ponte!

POSFÁCIO

Em um momento muito difícil de minha vida, com dificuldades e incertezas profissionais e pessoais, percebi o que eu tinha de mais valioso: a capacidade de criar pontes. Ainda que todo o resto me fosse tirado, eu poderia construir tudo de novo somente com essa aptidão. E é justamente isso que o meu querido autor Marcus Vinicius acabou de falar nesta fantástica obra. Sempre me preocupei muito em construir conexões. Uma me levou a outra. E quando você faz isso, como uma teia, as possibilidades vão se abrindo. E é sobre essa capacidade de criar contatos reais que quero falar aqui.

Em primeiro lugar, destaco **A crise das relações verdadeiras**. Não é possível criar conexões reais a partir de relações falsas. Por isso, o networking clássico, aquele em que propositalmente pessoas se encontram para se conectar, pode não ser o melhor caminho. Quem é a pessoa por trás da conexão? No que ela acredita? Qual a sua intenção? Sem essas respostas, você não tem uma relação verdadeira e, consequentemente, não terá uma conexão real. Mas também não podemos confundir interesse com conexão. Obviamente, todo relacionamento pressupõe uma troca. Mas ainda assim, essa troca não deve ser interesseira. A ideia aqui é ser uma pessoa, como dizia Napoleon Hill, de personalidade agradável e de maneira espontânea. Isso é treinável. Claro, algumas pessoas têm isso de maneira nata. Outras precisam de um pouco mais de treino. Não é necessariamente uma extroversão. Não quero propor aqui uma mudança de personalidade, mas sim desenvolver uma capacidade de se fazer entender e de se relacionar de maneira agradável, dentro das suas características pessoais naturais e dos seus limites emocionais.

Em segundo lugar, destaco o Capítulo 6: **Esteja sempre pronto a servir**. Se você inicia uma conexão pensando naquilo que pode oferecer para o outro, aquele interesse citado acima já deixou de existir. É mais ou menos como um casamento. Se o marido se dedica a fazer o seu melhor para a sua esposa e a esposa se dedica a fazer o seu melhor para o seu esposo, ambos estarão satisfeitos e preenchidos. Em uma conexão verdadeira, se os dois lados iniciam o contato pensando "em que eu posso servir esse meu novo amigo?", todo mundo sairá ganhando e satisfeito. (Já falaremos, a seguir, sobre a definição de amigo, então não se assuste.) Não haverá espaço para interesses mesquinhos, apenas uma intenção inicial de ajudar. Sei que pode parecer uma utopia, mas já imaginou se todos pensassem assim? Uma espécie de corrente do bem nasceria e muito dos nossos problemas atuais simplesmente deixariam de existir instantaneamente.

Em terceiro e último lugar, quero falar sobre como **Adotar uma nova definição para amigo**. Sabiamente, o Marcus explica que amigo é toda pessoa com quem você conseguiu estabelecer uma conexão verdadeira. Logo, é possível, sim, ter milhares de amigos ao redor do mundo. Obviamente, esse não é aquele com quem você vai dividir suas maiores dores. Esses serão o que o autor chama de melhores amigos. Normalmente, são pessoas que estão ao seu lado há muito tempo, que passaram por situações diversas ao seu lado, sejam elas de alegrias ou de dores, e continuam ali. Essa relação leva tempo para ser construída. Agora, isso não significa que uma pessoa conhecida há poucos meses – ou até dias – não deva receber sua devida atenção quando solicitado. De novo, conexão verdadeira é aquela em que os dois entraram para servir, sendo assim, podemos sim ter milhares de amigos e aumentar essa rede.

É difícil imaginar alguém com mais amigos do que o Marcus Vinicius. Ele realmente conhece e é lembrado por milhares de pessoas que cruzaram o seu caminho durante a sua trajetória. Me sinto honrado e feliz por ser um de seus amigos hoje. É claro que ele faz isso de maneira natural, nasceu com ele. "Exagerado", "dado", "carismático", "extrovertido" são só alguns dos nomes que nos são dados quando conversamos com qualquer pessoa que cruza o nosso caminho – e me incluo porque também tenho, nas devidas proporções, essa característica em comum com o Marcus –, mas repito: ainda que você não tenha isso de maneira natural, é possível treinar se você lembrar desses três pontos que destaquei aqui.

Se você acredita que é infeliz por ter amado e perdido, está errado. Aquele que amou de verdade nunca perde completamente.

– Napoleon Hill

Quero encerrar com esta frase de Napoleon Hill. Depois de ler esta fantástica obra, você pode estar se perguntando: "ok, mas e se eu fizer isso tudo, criar conexões verdadeiras, me oferecer a servir, ter muitos amigos, conhecer muitas pessoas e elas não me corresponderem exatamente da mesma forma?". A minha resposta para você é: quem perdeu foram elas e não você. Assim como Napoleon Hill defende que aquele que ama nunca perde, eu defendo que aquele que ajuda – serve

– também nunca perde. Lembre-se de que a intenção inicial nunca foi levar vantagem de alguma forma, mas sim criar uma conexão verdadeira. Você jamais deverá ser feito de bobo por alguém, a ponto de ser explorado. Isso jamais. Agora, se a sua intenção, desde o início, era ajudar, servir, mas a outra pessoa não correspondeu, ou simplesmente não se interessou por isso, quem perdeu foi ela e não você. Seja o início, a primeira intenção bondosa, e por que não, amorosa – porque a amizade é sim uma forma de amor – e você nunca perderá. Obrigado, Marcus, pela incrível obra. Sua experiência e maneira de ver o mundo podem realmente mudá-lo e despertar o melhor das pessoas. E a você, querido amigo leitor, que possa colocar em prática tudo o que leu e entendeu aqui. Retorne e leia novamente quantas vezes julgar necessário e utilize este livro como uma forma de gerar conexões. Presenteie, envie para alguém que precisa aprender sobre isso ou simplesmente alguém com quem você quer se conectar e aumente essa rede mais e mais. Sejamos todos agentes formadores de pontes, não fazendo networking, mas construindo relações verdadeiras e frutíferas.

– M. Conte Jr.

Livros para mudar o mundo. O seu mundo.

Para conhecer os nossos próximos lançamentos
e títulos disponíveis, acesse:

🌐 www.**citadel**.com.br

f /**citadeleditora**

📷 @**citadeleditora**

🐦 @**citadeleditora**

▶ Citadel – Grupo Editorial

Para mais informações ou dúvidas sobre a obra,
entre em contato conosco por e-mail:

✉ contato@**citadel**.com.br